English Expressions for Your Successful Presentation

英語でプレゼン
そのまま使える表現集

藤井正嗣 ● FUJII Masatsugu
野村るり子 ● NOMURA Ruriko

日興企画

別売・CD版
英語でプレゼン
そのまま使える表現集

監修／藤井正嗣、野村るり子
収録時間／約70分
本体価格2400円（税別）

耳から学んで
プレゼン英語の基本表現を
完全マスター！

本書をより効果的に活用していただくために別売のCDをご用意致しました。ビジネス・ステージで通用する英語表現の習得に、是非お役立て下さい。

- プレゼンで特に重要な"提案説明"（第1部）と"質疑応答"（第2部）の全ての英文例を収録
- 聴きたい箇所がすぐに引き出せる、小見出しごとに細かく設けた頭出し機能
- ネイティブ・スピーカーによる聞き取りやすい自然な英語

●ご注文方法
このCDは、全国の主要書店で取り扱っております。
店頭に在庫のない場合には、直接小社までハガキまたは電話、ファックス、E-メールにてお申し付けください。
※送料＝国内はサービス、海外は実費となります。

まえがき

　「問題発見・解決能力」「経営の基礎知識と実践的スキル」「コミュニケーション能力」——21世紀を生きるビジネス・リーダーには，この3要件が不可欠です。これらの三つの能力は，21世紀におけるビジネス成功のための「三種の神器」ともいえるのではないでしょうか。

◆科学的な視点でビジネスに臨む

　まず「問題発見・解決能力」ですが，ビジネスでは，予測のつかない問題がかならず発生します。ビジネスで成功するには，これをできるだけ早期に発見して解決する能力が必要です。

　さらに，系統立って経営を理解したうえで，改善ひいては改革を実行するためには，「経営の基礎知識と実践的スキル」が重要です。MBA（経営学修士）などのカリキュラムで教えられる，経営の基礎科目の知識と運用スキルのことです。

　「経営の肝は人心把握である」とか「ビジネス成功の鍵は社長の胆力である」といった類の——これはこれで否定はしませんが——どうも曖昧模糊とした，たぶんにフィーリング的かつ属人的なものだけでは困ります。経営は，できるだけ科学的であるべきだというのが，私の主張です。

◆プロフェッショナルなコミュニケーターになる

　さて，ビジネスがグローバル化し，世界中のさまざまな人たちと仕事をする際には，冒頭にあげた3要件のなかでも，とりわけ「コミュニケーション能力」すなわち，自らの考えを効果的に伝え，ビジネス上の目的を効果的に達成する能力が必須になります。

　世界には，明確に発信されないメッセージは基本的には理解されないロ

ー・コンテキスト（Low Context）社会に暮らすメンバーがいる以上，私たち日本人が「得意」とされる腹芸や以心伝心は，残念ながらまったく通用しないのです。私たちは，3S（＝Silent, Smile, Sleep）に要約され，そして揶揄される旧来の日本人のイメージを一刻も早く打破し，プロフェッショナルなコミュニケーターとして世界にメッセージを発信していかなければなりません。

私は，さまざまなビジネス現場やビジネス・スクールで，日本人ビジネス・パーソンが，力はあるのにコミュニケーション力が不足しているために苦汁をなめるさまを目にするたびに，この思いをずっと募らせてきました。

私の30年にわたるビジネス・キャリアを振り返ってみても，重要な場面では，かならず印象に残るコミュニケーションの場面がありました。中東，アフリカ，旧ソ連等々の世界市場での多岐にわたる相手との契約交渉，マレーシアでの債権者会議，アメリカでの採用・解雇・調停，インドでの幹部会議など，数限りないシチュエーションに直接の当事者として身を置いてきました。

そうした多くの実戦の場で闘ってきた私の結論は，コミュニケーション，なかでもグローバル・ビジネスの共通言語である英語でのコミュニケーション能力なしに，ビジネス上の成功はありえないということです。

◆**実践に徹した画期的な文例集**

こうした私の強い問題意識と，従来にはないユニークで効果的な英語のコミュニケーションの本を出版したいという日興企画の代表である竹尾和臣さんと，編集・制作担当の友兼清治さん，嶋田ゆかりさんの熱い思いが結実したのが本書です。

本書には，大きく分けてつぎの三つの特徴があります。

① コミュニケーションに対して戦略的アプローチを取ったこと。
② 膨大なデーター解析にもとづき，ビジネス・シチュエーションに必要かつじゅうぶんな文例を網羅したこと。

③　コラムをとおして，ビジネス現場の最先端のストーリーを紹介したこと。

　ご一読願えれば，本書が，現場で本当に役に立つかどうかわからないような英語の文章をたんに寄せ集めただけの文例集とは一線を画するものであることをご理解いただけるものと思います。

　執筆にあたっては，コミュニケーションのプロであり，同分野でかずかずの輝かしい実績をもち，現在も多くのビジネス・パーソンの指導にあたっている，野村るり子さんの全面的なご協力を得ました。本書の核になる英文と解説は彼女の手によるものです。

　本書は，ビジネス・コミュニケーションを，プレゼンテーション，ミーティング，スピーチの三分野に分けたシリーズの，プレゼンテーションにフォーカスした第一作目であり，今後，第二作，第三作とつぎつぎに刊行予定です。

　また，こうしたコミュニケーション能力の実践的な習得には，音をとおした学習を併用するのが効果的であるとの考えから，CDを付けました。本書とあわせてぜひご利用ください。

　本書が，世界を舞台にした活躍をめざす，すべてのビジネス・パーソンの座右の書となり，グローバル・ビジネスの成功の一助になれば，これに過ぎる喜びはありません。

2003年8月10日

藤井　正嗣

●本書のおもな特徴

　本書の執筆・制作にあたっては，「わかりやすい！」「使いやすい！」「飽きさせない！」をモットーに作業を進めました。なぜなら，これら三点のうち一つでも欠けていたのでは，読者の学習意欲の妨げになるだろと思うからです。

　本書は，ビジネス・パーソンおよび，その予備軍を対象としています。急に英語でのプレゼンテーションをするはめになった，これまで経験ないんだけど——そんなかたにも，すぐに役立ちます。

　また，時間をかけて，じっくりビジネス・プレゼンテーション技術を学びたいかたにとっても，じゅうぶん満足いただける内容となっています。

　以下に本書の特徴を少し詳しく説明しますので，みなさんの用途や状況に合わせて有効に活用してください。

◆読者に求められる英語のレベル
① **中学卒業程度の英語力で無理なく利用できる**
　単語や言い回しは，できるだけ平易なものを中心にしてある。また，文法的な解説も，中学英語や高校英語の教科書に準じて書いてあるので，「英語は苦手」「長年，英語から離れていた」というかたでも，安心して利用できる。

② **学習のレベル・アップにも対応**
　一つの基本表現に複数の文例がある場合は，ある程度，難易度の高いものも取り交ぜるようにした。それぞれの学習スピードに応じて，少しずつ難易度の高いものにも挑戦していってほしい。

◆構成
① **実際のプレゼンテーションの流れに沿った構成（第1部，第2部）**

イントロダクションからボディ，コンクルージョン，質疑応答まで，アウトラインに合わせて文例を配置してあるので，検索が容易なだけでなく，初心者にもプレゼンテーション全体の仕組みが自然に身につく。
② 具体的な状況に沿った文例も収録（第3部）
基本の表現のほかに，商品の紹介，販売戦略の説明など，具体的なビジネス・シーン別のサンプル表現も収録したので，各自の状況に合わせて文例をそのまま利用できる。
③ スキル・アップのノウハウを紹介（第4部）
アウトラインの作り方や，聴衆を魅了するための心得，本番直前の心構えなど，プレゼンテーションを成功させるためのポイントを満載した。

◆文例
① 例文を中心とした文例主義
「すぐに役立つ」本にするため，解説や詳しい説明などは必要最小限におさえ，徹底した文例主義をとった。
② ビジネス・シーンに即した「使える英語」を厳選
たとえ正しい英語でも，現実のビジネス・シーンではあまり使われない表現は排し，きょうから使える英語表現を厳選した。
③ 実践に役立つビジネス用語が中心
語彙は，受験英語では学ぶことのできない「ビジネス用語」を使用しているため，実践的な場ですぐに役立つ。
④ 組み合わせ自由な，多岐にわたる文例
文例は原則として単文としたので，読者は自分の必要に応じてさまざまに文例を組み合わせて利用できる。
⑤ 実用に即したワン・ポイント解説
文例には必要に応じて＊の記号を付して注をつけた。この注は，実際に使う場合に気をつけることや，類似の他の表現，日本人が間違えやすい点などにとどめ，文法的な説明は極力はぶいた。
⑥ 豊富な，つなぎのフレーズ

プレゼンテーションに限らず，あらゆる場面で使える「つなぎのフレーズ」約280語をまとめて収録した（第3部「補章−知っておくと便利な言い回し」）。

◆ビジュアル・エイド（視覚に訴える資料）作りのサポート
① 効果的なパワーポイント資料作成の秘訣
本書のために作成したパワーポイント資料のサンプル6件を，それぞれ「よい例」「悪い例」と対比して示しているので，資料作成のポイントがひと目でわかる。

② 各ビジュアル・エイドの特徴を整理
メリット・デメリットとして表にまとめてあるので，読者が自分の発表形態に最適なビジュアル・エイドを選択するにあたって大いに役立つものと思う。

③ 自由に活用できる評価シート
「アウトライン評価表」「技術評価表」いずれも，効果的なプレゼンテーションの準備に際し，総仕上げに効果を発揮する。必要に応じてコピーを取って利用してほしい。評価シート作成にあたっては，Sherron Bienvenu, Ph.D. 著 *The Presentation Skills Workshop* より大きなヒントを得ており，日本の読者に合わせて項目内容を調整した。

◆行きたいところへすぐ行ける詳細な目次
目次には，本書に収録した基本表現をすべて網羅した。索引の要素を兼ね備えたこの目次を活用すれば，読者はいつでも，自分の欲しい情報に最短距離で到達できる。

◆ビジネスの最前線にふれるコラム "Tea Time"
全コラムとも，藤井正嗣氏が世界のトップ・エグゼクティブたちとのビジネス・シーンをとおして，実際に肌で感じてきたエピソードの紹介である。また，そこから得られた「ビジネス・パーソンとしての成功の秘訣」を，ここ

で学ぶことができる。

◆CD利用のすすめ

　本書をより効果的に活用していただくために，CDを用意した。このCDは，基本となる第1部・第2部のすべての文例をネイティブ・スピーカーが吹きこんだものである。聴きたい文例がすぐに引き出せるように細かく頭出しを設け，該当個所には本文中にCDマークが付けてある。

　読者が何回読んでも飽きることのない本づくりを心がけました。何回も何回も，繰り返し読みなおしながら，ぜひ学習を続けてください。本書が読者のみなさまに長年わたって使っていただけることを願っています。

　　　　　　　　　　　　　　　　　　　　　　　　　　　野村るり子

目次

● まえがき＋本書のおもな特徴 ………………………………………… 3

第1部 ワン・ウェイの表現──提案説明
CD1→CD29

第1章 聴衆の気持ちをつかむ──イントロダクション

❶──全体の視点を示す ……………………………………………… 26
〜について話す／〜を紹介する／〜をいっしょに考えたい／〜をお見せしたい／主題は〜である／〜について簡単に説明する／簡単な言葉で説明する／〜についてのみ話す／〜の一部を紹介する／〜のうち〜を紹介する／〜について2点，説明する

❷──発表の流れを伝える …………………………………………… 29
最初に〜について説明する／最初に〜をどのように〜したかを説明する／最初に〜の概略を紹介する。つぎに〜／まず〜，つぎに〜／〜に的を絞って話す／大略だけにふれる／〜の機器を利用する

❸──ボディーへ導入する …………………………………………… 31
では，これから〜にはいる／では最初に〜にふれたい／まず〜を概観しよう／主題の発表にはいるまえに〜について話したい／この問題を取り上げたのは〜だからだ／〜の観点から取り組む

第2章 明瞭・明快に展開する──ボディー

❶──説明する ………………………………………………………… 34

〜について説明する／〜について簡単に説明する／〜の考えを説明する／〜について話す／〜の特色について話す／〜の概略を話す／〜について知らせる／〜に関する情報を提供する／〜を発表する／〜の利点をあげる

❷ **状況を伝える** ……………………………………………………… 36

〜に影響を与えている／〜と〜には相違がある／〜によって〜の相違を埋める／〜に役立っている／〜はわからない／〜はどうにもできないことである／〜は周知の事実である／〜と考えられている／最大の関心（問題）は〜である／〜と見える／〜と見えるが，しかし〜／〜は不完全である／〜がじゅうぶんでない／〜が残されている／〜は〜によるものである（〜が〜の原因となる）／〜の理由は〜ではない／〜を実践的に応用する

❸ **論拠を述べる** ……………………………………………………… 39

〜は〜から明らかである／〜から見て〜といえる／〜見ると〜である／さかのぼってみると〜である／〜は〜を示している／〜の例から〜を説明する／〜を裏づける／〜に導かれる／〜に基づいている／〜を基盤とする／〜の方法をとる／〜と定義している／〜から情報を得る／〜によって証明される／〜であることを証明する／〜に認められている／〜に掲載されている／〜を観察した結果／〜を調査した結果／〜を検討した結果／〜を適用する／私の知るかぎりでは

❹ **検討する** …………………………………………………………… 43

〜を検討する／〜かどうかを検討する／〜について考えてみる／〜を修正する／〜に関して理解を深める／根本から〜する／〜を考慮して〜する／〜を考慮に入れて／対策を講じる

❺ **意見を述べる** ……………………………………………………… 46

〜について意見を述べる／〜に関する私の考えは以上のとおりである／〜というのが私の見解だ／私たちの考えでは〜／〜と思われる／率直に言うと〜／早急に〜する／〜を差し控える／〜を尊重する／〜を心にとめておく／将来，〜する／〜すべき点がある／〜かもしれない／〜に満足している／〜を懸念する／柔軟に〜する

❻ **視点を変える** ……………………………………………………… 49

つぎの〜に移る／ここで〜を変える／〜はあとにして，〜に移る／つぎ

に，～／つぎに当然くるのは／これまでは～，ここからは～／あとでもう一度ふれる

❼ 話を戻す ……………………………………………………… 50
主題に戻す／横道にそれたので戻る／深入りせずに戻る／～に戻ってくる

❽ 強調する ……………………………………………………… 51
～を強調する／～を再度，強調しておく／どんなに強調しても，しすぎることはない／強調されるべきことは～である／もっとも～すべき点は～である／ぜひとも～したい／妥協の余地がない／最大限の～をする／強く～する

❾ 確信する ……………………………………………………… 53
～と確信する／～が決め手になると確信する／～と信じている／きっと～だろう／自信をもって～する

❿ 重要性を述べる ……………………………………………… 55
～が重要である／～することが重要である／重要なことは～である／～において重要なことは～である／～のもっとも重要な点は～である／～を重要視する／重要な条件は～である／～は入念な注意をはらうに値する

⓫ 必要性を述べる ……………………………………………… 56
～が必要である／～する必要がある（～すべきである）／～するためには～する必要がある（～すべきである）／～することが不可欠である／～する必要はない／たとえ～であろうと，～せねばならない／～がなければ不可能である／～は避けられない

⓬ 仮定する ……………………………………………………… 58
もし～ならば／～であるとすれば／～と仮定して／仮に～としよう／～であると仮定できる／～であると仮定している／～を～とみなせば／～を～と考えれば／もし～したら，どうなるか／たとえ～だとしても／仮に～だとしても／～しだいである／～といえなくもない

⓭ 特徴を述べる ………………………………………………… 61
～の特徴は～である／～の特徴は～ということである／～の長所は～である／～のおもな特徴は～である／～のきわだった特徴は～である／～の特徴の一つは～である／～は～を特徴づけている

❶❹──比較する ·· 62
　〜と比較すると／〜に照らすと／〇に対して△は〜である／〇は△と反対である

❶❺──一致・類似・相違を述べる ································ 63
　〇は△と同じである／〇は△と一致している／〜は同等である／同じことが〜についてもいえる／同じ〇が△にも見られる／〇に関していえることは，△に関してもいえる／〇は△に似ている／〇は△という点で□に似ている／同じような〜で／〇は△と異なる（違う）／〇は△という点で□と異なる／〜は別問題である／〜に反して

❶❻──表やグラフを説明する ····································· 65
　〜をご覧ください／〜をご参照ください／〜を添付してある／〜を配布してある／〜を示している／〜が示すとおり／〜ということを物語っている／〜を表わしている／〜を図で表わしたものである／〜を比較したものである／〜をまとめたものである／〜がわかる

第3章　内容の定着をはかる──コンクルージョン

❶──提案をまとめる ·· 70
　提案がある／〜を提案する／〜するという提案をする／〜についての提案を述べる／〜してはどうですか／〜について考えましょう／〜したほうがいい／〜への支援をお願いします

❷──主張をまとめる ·· 72
　〜の要点をまとめてみよう／〜をまとめると／要約すると〜／〜という結論に達する／〜と結論づけられる／〜と結論づけるのが妥当である／結論として／全会一致で〜する／〜と決まる／〜を改善する／この結果は〜である／結論をだすまえに〜する

❸──再確認する ·· 74
　最後に〜を繰り返す／最後にもう一度〜にふれる／第一に〜，第二に〜／〜を確認する／〜を思い出してほしい／〜を再度，確かめる／〜がわかったことと思う

❹─展望を述べる ································ 76
　さらに〜することが〜するだろう／継続した〜が〜するだろう／今後の方向は〜である／〜を変えることになるだろう／今後は〜が必要となるだろう／〜の余地がある／さらに〜することが必要である／さらに〜すべきこととして残っている

補章　挨拶・自己紹介を行なう──オープニングとクロージング

❶─はじめの挨拶を行なう ························ 78
　この機会が得られたことは喜びです／お会いできて幸いです／〜についてお話しできて光栄です／お忙しいところ，ありがとうございます／では始めましょう

❷─自己紹介を行なう ···························· 79
　紹介させてください／私は〜と申します／〜と呼んでください／私は〜（職種）の〜と申します／〜に所属しています／〜に従事しています／〜の責任者です／私は〜（職種）です／〜として働いています／〜を引き継ぎました／〜として来ました／隣にいるのは〜です

❸─紹介を受けて返礼する ························ 81
　紹介ありがとうございました／ご紹介ありがとうございました，〜さん／〜さん，ご紹介ありがとうございました

❹─終了の挨拶を行なう ·························· 82
　これで終わります／もう一度〜して，私の話を終えます／〜について話しました／〜の時間がなかったことをお詫びします／〜の一助になればと思います／〜していきたいと思います／何か質問がありましたら／〜いただき，ありがとうございました／〜のみなさまにお礼申しあげます

❺─今後の予定や希望を述べる ···················· 85
　〜にご連絡ください／〜の詳細に関心のあるかたは／メールを送ってください／ホームページをご覧ください／〜する予定です／次回は〜します／〜に参加してください

◆挨拶のサンプル文例——オープニングとクロージング ················· 87

第2部 インタラクティブな表現——質疑応答
CD30→CD49

第1章 質問する／答える——説得的な展開

❶——質問を始める ··· 92
質問があります／質問していいですか／〜について質問したい／〜に関する質問／二，三お尋ねしたい

❷——考えを尋ねる ··· 93
〜についてどう思いますか／〜に関する意見は？／〜について話してください／〜についての考えを聞かせてください／〜としての意見を聞かせてください／〜について何かコメントがありますか

❸——理由や目的，方法などを尋ねる ································· 94
なぜ〜なのですか／なぜ〜ではないのですか／〜の理由は何ですか／〜の目的は何ですか／どのように〜するのですか／〜の方法を教えていただけませんか／どう〜するのですか

❹——答えを始める ··· 95
〜にお答えします／〜についてご質問いただきありがとうございます／よい質問です／〜としてお答えします／答えは〜ということです／あなたの質問への答えとしては／〜とお尋ねになるなら，〜と言いましょう／簡単に答えられます／質問の意味がわかりません

❺——質問を促す ··· 97
質問がありましたら〜／ご意見をお受けします／わかりにくいところがありましたら〜／〜をお聞かせください／意見はありませんか／〜について話し合いましょう

目次 15

第2章　聞きなおす／言いなおす──相互理解の確認

❶ 繰り返しを頼む ……………………………………………………… 99

～をもう一度，言ってください／最後の部分を繰り返してください／～についてもう一度，説明してください／～のポイントをもう一度，説明してください／大きな声で言ってください／はっきり（明確に）言ってください／～が聞き取れませんでした

❷ 話の意図を確認（整理）する ……………………………………… 101

あなたの言ったことが理解できません／～の意味が理解できません／～の要点が理解できません／～とはどういう意味ですか／それはどういうことですか／あなたは～と言っているのですか／～ということですか／（遠まわしに）～と言っているのですか／～を明確にする必要があります／～を確認させてください

❸ 言いなおす …………………………………………………………… 103

～を言いなおす／言い換えれば～ということです／つぎのように言ってみましょう。すなわち／逆の言い方をすれば／私が言おうとしているのは／これは～ということを意味します

第3章　賛成する／反対する──率直な立場表明

❶ 賛成（肯定）する …………………………………………………… 105

～に賛成です／～を支持します／まさしくそのとおりです／～は，まさしく私が考えていたことです／～と同じ意見です／同感です／～は正しいと思います／～はよく理解できます／～に反対する理由がありません／～には誰も反対できないでしょう

❷ 反対（否定）する …………………………………………………… 107

～には反対です／～にはまったく賛成できません／～には賛成しかねます／～はいい考えだとは思いません／～に反対せざるをえません／～に同意できません／～に異議を唱えます／納得できません／理解しかねます／

～を受け入れることはできません／私は違う見方をします
❸ 部分的に賛成（肯定）する ………………………………………… 109
　　～に完全に賛成というわけではありません／～という点で～に同意します／ある意味では～を肯定します／～という意味では正しい／～かもしれません。しかし／それはそうですが／おっしゃるとおりです。しかし／そうですね。しかし一方では／おっしゃることはわかりますが／～の意見は尊重します。しかし／それも一つの見方でしょうが
❹ 部分的に反対（否定）する ………………………………………… 111
　　おおむね賛成です。しかし／基本的な点では賛成です。しかし／原則的には賛成です。しかし／考え方には賛成です。しかし／～にまったく反対というわけではありません／～という点では～に反対します／～という意味では反対せざるをえません

第4章　確認する／保留する——建設的な意見交換

❶ 疑問を表明する …………………………………………………… 114
　　～には疑問が残ります／～は疑わしいと思います／～を疑問に思わざるをえません／～がなぜいけないのですか／～を裏づける証拠は？／本当に～だと思うのですか／～だとは考えないのですか／～が可能なのでしょうか／～を考慮に入れているのでしょうか／実際，～だと思うのですが
❷ 誤りを指摘する …………………………………………………… 116
　　～は間違っています／～について間違っています／間違っているのは～という点です／～は誤解です／～は誤解によるものです／～は不適切です／～は的外れです／～は～と矛盾します／～の証拠はありません／～は～の裏づけにはなりません／～は根拠がありません／～は現実的ではありません／～の責任にすべきではありません／～と結論づけるのは早すぎます／～はべつの問題です／～に反します
❸ 誤りを認める ……………………………………………………… 119
　　間違っていました／～は間違いでした／～したのは誤りでした／～を誤解していました／～について考え違いをしていました／～と思い違いをして

いました／うっかりしていました／じゅうぶん～をしていませんでした／～とは思ってもみませんでした／～を撤回します

❹ 即答を避ける 120
～なので答えられません／～について回答できる立場にありません／いまは答えられません／のちほど～します／返事には時間がかかります／～が不十分なので断言できません／～するまで，答えを保留したいと思います／それは～な質問です／これ以上は話せません／～を差し控えます／簡単には答えられません／いまは～かどうかわかりません／どう考えるべきかわかりません／言うことはありません／わかりかねます

❺ 話を切り上げる 124
～はそれくらいにしましょう／～はわきに置いておきましょう／～についてこれ以上，議論するのはやめましょう／～は保留にしておきましょう／～は別の機会にもう一度，話しましょう／日をあらためて～する

❻ 代案を示す 125
代案があります／～のほうがよいのではないですか／～のほうがよいでしょうか／逆に～してはどうですか／～する代わりに～することはできないでしょうか／もっとよい～があります／～も一案かもしれません／もう一つの考えとして

補章　OHPやスライドを使う──的確な指示と依頼

❶ 設備の確認・準備をする 127
～を使用していいですか／～が使用できるかどうかは未確認です／～を下見していいですか／～を用意してください／～を用意してあります／電池が切れています／どのように～するのですか

❷ 発表中に指示・依頼をする 129
明かりを消してください／暗くしてください／明かりをつけてください／明るくしてください／つぎの～をお願いします／～をもう一度お願いします／～はとばしてください／まだ～をこのままにしておいてください／～を合わせてください／～を上げて（下げて）ください

第3部 場面別サンプル文例——印象づける効果的な表現

第1章 製品や商品を紹介する——公正な情報提供

❶——品質 ……………………………………………………………… 134
　持久力があります／〜より長持ちします／セールス・ポイントは長持ちすることです／じょうぶです／耐久性があります／耐久性があるので推奨します／高性能です／操作が簡単です／小型化に成功しました／重量は〜です／〜の機能がついています／新たな特色が加わりました／最新モデルです

❷——開発意図 ………………………………………………………… 136
　〜の主眼は〜を開発することです／〜の主旨は〜を考えることです／〜が使いやすいように〜しました

❸——製造工程 ………………………………………………………… 136
　所要時間は〜分です／一工程に〜時間かかります／ラインの長さは〜です／〜が〜の基本工程です／生産スピードは〜の〜倍です／生産効率が〜パーセント，アップしました

❹——品質管理 ………………………………………………………… 137
　慎重に検査します／〜のために綿密な試験をします／〜を用いて品質管理をします／〜の頻度でメンテナンスを行ないます／〜における環境基準は〜です／安全性基準の向上に役立ちます

❺——生産システム …………………………………………………… 138
　自動化されています／外注します／〜で製造し，〜で組み立てます／〜個単位で扱います／〜の開発に努めています／〜名のスタッフがかかわっています／完成までには〜日かかります

第2章　販売の戦略を説明する──信頼できる将来予測

❶──価格・経費 ･･･ 140
　　低価格で提供しています／割り引きます／同一価格帯で〜種類あります／運送に〜円かかります／特注は〜円，余計にかかります
❷──市場性・需要 ･･･ 141
　　新しい市場を生み出しました／〜ばかりでなく，〜でも市場性があります／もっともよく売れている商品です／需要があります／〜なので需要が見込めます／〜に歓迎されるでしょう／予約が殺到しています
❸──在庫・配送 ･･ 142
　　〜までには届けられます／〜日間で出荷できます／在庫不足なので〜できません／〜ころ入荷します／〜は製造中止です
❹──販売促進 ･･ 143
　　新製品の販売を開始します／マーケティング戦略は〜です／このカタログは〜を紹介しています／セールス・プロモーションは〜です／〜に関するキャンペーンを行ないます／研修ビデオを用意しました／〜のセールス・マニュアルがあります／セールス・マニュアルには〜が説明してあります
❺──サービス・保証 ･･････････････････････････････････････ 144
　　サービスは客の〜に応えています／保証書は〜間，有効です／〜で修理ができます／サービスは業界一です

第3章　会社の概要を案内する──実績の証明

❶──営業方針 ･･ 146
　　当社の目標は〜を提供することです／〜に応えることを目標としています／顧客優先が社の方針です／全社員が同じ目標をもっています／労使一体となって〜に取り組んでいます
❷──事業内容・経営実態 ･････････････････････････････････ 147
　　これが会社概要です／多角経営です／世界中にネットワークをもっていま

す／総合的な〜の会社です／〜の製造・販売を行なっています／〜を扱っています／〜に特化しています／人材育成に力を入れています／〜か国と取り引きがあります／〜と技術提携をしています

❸ 営業実績 ……………………………………………………………… 148
総売上は〜円です／売上は〜パーセント増です／総売上を〜円にしたいと思います／〜のシェアを占めています

❹ 設立 …………………………………………………………………… 149
〜年に設立され，〜年に上場しました／創立〜周年です／新しい会社です／関連会社を設立しました／親会社から独立しました／〜と合併しました

❺ 組織・規模 …………………………………………………………… 150
〜部門に大別できます／〜の部署からなりたっています／〜に対応して組織を再編成します／社内機構を改革します／大手の会社です／中堅の会社です／小規模の会社です／資本金は〜円です／社員は〜名です／〜部門で社員数〜名です／敷地は〜平方メートルです

❻ 支店・工場 …………………………………………………………… 151
本社は〜にあります／〜に工場があります／〜つの支店があります／〜つの代理店があります／〜に工場を新設しました／新事務所を開設します／〜にあたり，従業員を増員します

❼ 社員教育など ………………………………………………………… 152
〜時から〜時まで定例会議を行ないます／やる気を高めることを重視しています／〜は社員の士気を高めます／社員同士のコミュニケーションを深めます／社員食堂は〜の場です／従業員教育に投資しています／〜を考慮して職場配置を決めます

補章　知っておくと便利な言い回し——つなぎのフレーズ ………… 155
話を始めるとき／論拠を示すとき／当然であることを表わすとき／明白であることを表わすとき／理由・目的・原因を表わすとき／意見を述べるとき／事実を述べるとき／逆のことを述べるとき／繰り返すとき／言い換えるとき／聞き返すとき／結論を述べるとき／結果を表わすとき／要約する

とき／観点を示すとき／状況を表わすとき／話題を変えるとき／視点を変えるとき／比較するとき／例を示すとき／条件を示すとき／追加するとき／頻度を表わすとき／順番を表わすとき／アドバイスするとき／依頼するとき／許可を求めるとき／受け入れるとき・断るとき／発言をやわらげたいとき／前置きをするとき／間を取りたいとき／小休止・中座をしたいとき／呼びかけるとき

▶資料説明に役立つ用語 ……………………………………………… 166

第4部 成功するプレゼンテーションの技術
——ポイントとプロセス

第1章 成功に導く三つのポイント——魅了するための心得

1——生活を充実させ，人として成長する——ポイント❶ ………… 170
2——評価を繰り返し，作品の完成度を高める——ポイント❷ …… 170
3——フレーズごとに練習して魅力的に話す——ポイント❸ ……… 171

第2章 効果的なアウトラインを作る——勝敗のカギ

1——アウトラインとは ……………………………………………… 172
2——イントロダクション …………………………………………… 173
3——ボディー ………………………………………………………… 175
4——コンクルージョン ……………………………………………… 176
5——質疑応答 ………………………………………………………… 177

第3章 資料を充実させる——ビジュアル・エイドの効果的な活用法

1——資料の流れ ……………………………………………………… 178
2——よい例・悪い例 ………………………………………………… 179

3──資料作成のポイント ・・ 192
4──各種ビジュアル・エイドのメリット・デメリット ・・・・・・・・・・・・・ 193

第4章 入念なリハーサルを行なう──本番直前の心がまえ

1──予測できる問題を回避する ────── ポイント❶ ・・・・・・・・・・・ 195
2──時間配分を考える ─────────── ポイント❷ ・・・・・・・・・・・ 196
3──会場の広さや聴衆のサイズを考慮する── ポイント❸ ・・・・・・・・・・・ 197
4──実際に使用機材を試してみる ────── ポイント❹ ・・・・・・・・・・・ 197
5──発表のスタイルを考える ──────── ポイント❺ ・・・・・・・・・・・ 197
6──聴き手のまえで練習する ──────── ポイント❻ ・・・・・・・・・・・ 198
7──最終確認を行なう ─────────── ポイント❼ ・・・・・・・・・・・ 198
8──自信をもった態度を心がける ────── ポイント❽ ・・・・・・・・・・・ 198
▶アウトライン評価表 ──── 添付資料① ・・・・・・・・・・・・・・・・・・・・・・・・・ 199
▶技術評価表 ─────── 添付資料② ・・・・・・・・・・・・・・・・・・・・・・・・・ 200

Tea time

❶ ユーモアのセンスをもつ・・・・・・・・・・・・・・・・・・ 33
❷ 情熱をもって語る・・・・・・・・・・・・・・・・・・ 69
❸ プレゼンテーション成功の鍵・・・・・・・・・・・・・・・・・・ 88
❹ 周到な準備をする・・・・・・・・・・・・・・・・・・ 113
❺ 質疑応答をうまくこなすコツ・・・・・・・・・・・・・・・・・・ 131
❻ 時間厳守は鉄則・・・・・・・・・・・・・・・・・・ 145
❼ 日々の情報に敏感になる・・・・・・・・・・・・・・・・・・ 154
❽ プロフェッショナルをめざす・・・・・・・・・・・・・・・・・・ 167

装丁＋本扉………………………	インターワーク出版
中扉………………………………	高橋 すさ子
本文レイアウト…………………	峰 啓輔

ワン・ウェイの表現

提案説明

Part One : Public Speaking — Presenting to an Audience

第1部の英文例はすべてCDに収録してあります。頭出し番号は CD1 から CD29 までです。

| 第1部 | ワン・ウェイの表現 |

第1章
聴衆の気持ちをつかむ

──────イントロダクション──────　　CD1

　イントロダクションとは，未知の世界への玄関口のようなものです。それが興味を引くものであれば，聴衆は，「もっと深い内容まで知りたい」と思ってくれます。プレゼンターと聴衆との出会いの場ですから，細心の注意を払って内容の準備に取り組みましょう。

1──全体の視点を示す

　イントロダクション部分では，不必要な前置きは避け，発表の目的や主要な論点を端的に伝えなければなりません。

　　　　　　　＊　　　　　　　＊　　　　　　　＊

〜について話す

　私が過去3年間やってまいりました研究成果について申し述べてみたいと思います。

> Now, I would like to present the results of the study that I have been pursuing for the last three years.
>
> ＊──ここでの Now は「いま」の意味ではなく，話を始めたり，話題を変えたりするときに「さて」「ところで」などの意味で使います。

　私たちの製品についてお話しさせてください。

> Let me tell you about our products.

　販売促進についてご説明したいと思います。

> I would like to cover our sales promotion.
>
> Let me tell you about our sales promotion.

～を紹介する
本日は，新製品のフラット・パネル型テレビの新機能についてご紹介したいと思います。

> *―It's a great pleasure ... は，「～できて光栄です」というニュアンスになります。
> It is our great pleasure today to show you the new features of our brand-new flat-panel television.
> We would like to show you the newest features of our brand-new flat panel television today.
> Today, we would like to present the latest model of our flat-panel television and introduce some of its new features.
> It is our great pleasure to now introduce the new features of our brand new flat-panel television.

～をいっしょに考えたい
私はアメリカにある日系企業の主席プログラマーとして，おもしろいことをたくさん経験してきました。そのいくつかを一緒に考えたいと思います。これからの業務に何が必要とされるかを知っていただければと思います。

> As chief programmer in a Japanese company located in a U.S. city, I have experienced a lot of interesting things. Right now, I would like to share some of these experiences with you. I hope this will help you learn more about the job's responsibilities.

～をお見せしたい
本製品がどのように作りだされているかをお見せしようと思います。

> It is my pleasure to show you how our product is created.

主題は～である
本日の講演の主題は「ナレッジ・マネジメント」であります。

> I would like to talk about "Knowledge Management" today.

「ナレッジ・マネジメント」を，私の講演の主題にしたいと思います。

> The subject of my lecture today is "Knowledge Management".

～について簡単に説明する

新しい製造システムがどのように修正されたかについて，簡単に説明させていただきます。

> Let me briefly describe how our new manufacturing system was modified.

簡単な言葉で説明する

専門用語を使わず，できるだけ簡単な言葉でご説明いたします。

> I will try to explain in simple words without using technical terms.

～についてのみ話す

みなさまにとって，できるだけ興味をおもちいただけるように，今回は，もっともユニークな結果についてお話しいたします。

> I will now present the most interesting results from the study.
>
> Today, I will be presenting the most interesting results from the study.

～の一部を紹介する

本日は，弊社の研究所が行なった研究の一部を紹介したいと思います。

> Today, I would like to show you a part of the study that our research center has conducted.
>
> *―I would は I'd と言うほうがより自然に聞こえます。続けて説明を開始する場合は，Now, I would like to begin by showing you a part of ... と言ってからほかの内容につなげます。

～のうち～を紹介する

この新しいソフトには10の新機能を盛り込みましたが，本日はそのうちの三つを紹介させていただきたいと思います。

> Out of the 10 newly added features of this software, I would like to show you these three today.
>
> *― out of ... は「～（ある数）のうちから」の意味。software は不可算名詞な

ので，つねに単数形で使います。
　　We have included ten new features in this new software. I would like to show you these three today.

〜について2点，説明する
　オートメーション・システムについて2点，説明させてください。
　　Let me point out two aspects of this automation system.

2—発表の流れを伝える　　　　　　　　　　　　　　CD2

　マラソンを走る際，道のりがどのようなものであるかを事前に知らされていれば，走者はリラックスした気持ちでスタート・ラインに立つことができます。「聴く」という行動も同様です。事前に発表の流れを知らされていれば，リラックスした気持ちで最後まで聴くことができます。そのためにも，発表の流れはイントロダクションのなかで伝えておくことがたいせつです。

　　　　　　　＊　　　　　　　＊　　　　　　　＊

最初に〜について説明する
　最初に，わが社の歴史について説明したいと思います。
　　First, I would like to explain the history of our company.
　最初に，当社の組織について簡単にご説明申しあげます。
　　First, I would like to briefly explain our company's organizational structure.

最初に〜をどのように〜したかを説明する
　最初に，私たちがこの新製品をどのようにして開発したかを簡単にご説明したいと思います。
　　First, I would like to briefly explain how we developed this new product.

最初に〜の概略を紹介する。つぎに〜
　最初に，このシステムの概略を紹介いたします。つぎに，詳細を一つひとつ説明していきます。
　　First, I will give you an outline of the system. Then, I will cover

the details step by step.

まず〜，つぎに〜

まず私の理論について簡単に説明をし，それから，みなさまのコメントをいただきたいと思います。

> I would like to first briefly explain my theory. Following this, I would like to welcome comments from the audience.
>
> I would like to first present my theory of ... . Following this, I would like to welcome comments from the audience.
>
> ＊―理論の名前や内容は具体的に説明したほうが明確で，聞き手には理解しやすいでしょう。

〜に的を絞って話す

時間の制約がありますので最初に結果を述べ，もっとも重要な点に的を絞って発表させていただきます。

> ＊―英語の理論構成では，結果をさきに述べ，理由をあとで述べたほうがわかりやすいとされています。
>
> I will first present the results of my study and then focus on the most important points due to the time limitation.
>
> Considering the limitation of time, I will present the results of my study first, and concentrate on the most important points.
>
> Due to the time limitation, I will first present the results of my study and then focus on the most important points.

大略だけにふれる

この問題について詳しく説明している時間がありません。大略だけにふれておきます。

> I do not have enough time to explain the details of this subject. I will simply outline the topic.

〜の機器を利用する

発表を理解しやすくするために，パワーポイントとOHPを利用いたします。

In order to make my presentation easier to understand, I will use Power Point and an overhead projector.

3 ― ボディーへ導入する (CD3)

ボディーへの導入の際は，聴衆と発表者とが概念を共有できるようにすることを心がけましょう。相手の目線の高さにあった事例や用語を使用するだけで，聴衆との壁は取り除かれます。

＊　　　　　＊　　　　　＊

では，これから～にはいる

では，これから議論の主題にはいりたいと思います。

Now, let us enter the main subject of discussion.

では最初に～にふれたい

では最初に，私がこの課題にどうして興味をもつようになったかについてふれておきたいと思います。

＊― I became interested in this subject because ... (when, during, while などを because の代わりに入れてもよい) と，「なぜ」「いつ」「どこで」なども一緒に説明するほうがわかりやすい表現となります。

First, I'd like to share with you how I became interested in this subject.

Before moving on, I'd like to share with you why I became interested in this subject.

まず～を概観しよう

まず現在の制度から概観してみましょう。

＊― start by ...ing または start with ＋名詞は「～(すること) から始める」の意味。

Let us start out by reviewing the current system.

Let us start by reviewing the current system.

主題の発表にはいるまえに～について話したい

主題の発表にはいるまえに，この研究に関する経済的な背景について少々

お話ししたいと思います。

> Before moving onto the main subject, I would like to talk a little bit about the economical background of this study.

この問題を取り上げたのは〜だからだ

この問題を取り上げましたのは，これが私の専門であるだけではなく，近い将来，みなさまがたにとっても必要不可欠なことになるだろうと思うからです。

> *— an expert of this field とは「この分野の専門家」の意味。out of my field と言うと，逆に「自分の専門外だ」という表現になります。

> As an expert of this field I particularly chose this topic because I believe it will be an important issue in the near future.

> As an expert of this field I have selected this subject as the topic of my presentation because I believe it will be an important topic in the near future.

〜の観点から取り組む

私は新しい視点からこの問題に取り組みました。

> I reexamined the problem from a new perspective.
> I tackled this problem from a new perspective.

当社では，高齢化社会に対応するという観点から新製品の開発に取り組みました。

> At our company we have worked towards developing new products from the perspective of responding to the needs of the aging society.

Tea time ❶

ユーモアのセンスをもつ

　アメリカで会社の社長をやっていたときのことです。毎年恒例になっている業界の国際会議に出席し，オリンピック選手にメンタル・トレーニングをしていてスピーチの達人としても名高い，ある博士のスピーチを聞く機会がありました。言葉の歯切れとリズムがよく，ユーモアのセンスも抜群でした。たとえば，こんな具合です。

　"What do you call those people who can speak two languages? Bilingual, right?" "How about those who can speak many languages?" "Multilingual" "Correct! Then how do you call those people who can speak only one language?" "Monolingual?" "Yes. But there is a better term." としばらく間をおいてから，"Americans!" とやるわけです。英語が世界で lingua franca（国際共通語）として使われているのをよいことに（？）アメリカ人があまり外国語を得意としないのを，ユーモアでもって指摘し，グローバル社会における自国語以外の外国語，さらには文化を学ぶ姿勢の重要性を説いたわけです。

　もう一つ，例をあげましょう。運動の分野で練習の重要性を疑う人はいません。「練習で泣いて試合で笑え」とは，日本でもよく聞かれるせりふです。しかし，この博士のおっしゃることは一味ちがいます。"Practice doesn't make perfect. Only perfect practice makes perfect!"「ただ闇雲に練習を繰り返すだけでは，完璧な域には達しない。完璧な練習をしてこそ，完璧な域に達することができるのだ」というわけです。これなぞ，"Practice makes perfect." と世間でよく使われている表現を軽く否定し，ユーモラスな口調で重要なメッセージを聴衆の心に強く印象づけていた好個の例として，私の記憶にいまでも残っています。

　むずかしい表現である必要はありません。みなさんも，この博士のように，ちょっと気のきいた表現をユーモラスに伝えることで，聞く人の心に強く語りかけ，印象に残るメッセージを伝えることができるのです。ぜひ，ためしてみてください。

第1部　ワン・ウェイの表現

第2章 明瞭・明快に展開する

———ボディー———

CD4

　イントロダクションで述べた主張や論点を深めていくのが，ボディーの役割です。聴衆は，イントロダクションで提示された課題について，「もっと知りたい」という意欲をもって聴いています。ですから，最初に述べた内容と論点が一致しているかを確認しながら，具体的な数値や事例をもって論点の裏づけをしていきましょう。

1―説明する

　ものごとを説明する際は，何について話すかを最初に簡単に述べてから，詳細にふれていくようにしましょう。こうすることで，観衆の集中力を高めることができます。

　　　　　＊　　　　　　＊　　　　　　＊

〜について説明する

私たちのマーケティング戦略について説明したいと思います。

> Let me describe our marketing strategy.
>
> ＊―「〜について説明する」を describe（outline）about とするのは間違いです。describe のあとには前置詞なしで目的語を置きましょう。
>
> I will now outline our marketing strategy.
>
> I will now explain our marketing strategy.

〜について簡単に説明する

新製品の流れ作業について簡単にご説明したいと思います。

> I am going to briefly describe the new product's assembly line.

～の考えを説明する

私たちの戦略に関する当方の考え方をご説明いたします。

| I would like to illustrate our company's strategy.

～について話す

新しい問題について話をさせてください。

| I would like to talk about a new issue.

　＊— issue は「重要な点」「論点」「問題点」といった意味です。

遠隔教育についてお話しいたします。

| I would like to talk about "Distance Education".

～の特色について話す

今日の新しいプログラムの特色について話したいと思います。

| Let me tell you about some of the features of this new program.

～の概略を話す

新プロジェクトのアウトラインをお話しします。

| I will briefly outline the new project.

　＊— briefly は「簡潔に」の意味です。

～について知らせる

研究結果についてお知らせいたします。

| I would like to now present the research results.

～に関する情報を提供する

当方の今後のプランについての情報をさしあげます。

| I am going to give you some information concerning our company's future plan.

　＊— I am going to ... は近い未来をさしています。

| Here is our company's future plan.

～を発表する

わがチームの新プロジェクトが成功したことを発表します。

| I would like to announce our team's new project was a big success.

〜の利点をあげる

この合弁から予測される利点をあげてみましょう。

> I am going to outline the advantages of this joint venture.
>
> *— to outline とは,「概説する」や「略述する」という意味です。

2—状況を伝える　　　　　　　　　　　　　　　　　CD5

　主観的な考えを述べる場合は，意見の裏づけとなる客観的な数値や，統計，事例といったもので状況を明確に説明していくことがたいせつです。

　　　　　　　　＊　　　　　　＊　　　　　　＊

〜に影響を与えている

円安が会社の利益に大きな影響を与えています。

> A fall in the exchange rate of the yen has a big impact on our profits.
>
> A fall in the exchange rate of the yen affects our profits.

〜と〜には相違がある

旧モデルと新モデルのあいだにはかなりの相違があります。

> There are quite a few differences between the old models and the new models.

オーストラリア人と私たちとではビジネスの習慣にかなりの相違があります。

> Australian business practices and our business practices are quite different from each other.

〜によって〜の相違を埋める

このモデルを適用することによって，ジェームズ株式会社とポンド株式会社の意見の相違を埋めることができます。

> We can bridge the gap between James Corporation and Pond Incorporated. by applying this model.

〜に役立っている

実際に，カフェ・オリバーの新しい製品は本年の利益促進に役立っていま

す。
> Café Oliver's new product helped to gain profits this year.
>
> ＊―「〜することに役立つ」は「help to＋動詞」でも，「help＋動詞」でも，どちらでもかまいません。
>
> Café Oliver's new product has helped this year's profit gains.

〜はわからない
田中氏の提案が営業部に受け入れられるかどうかはわかりません。
> We do not know if Mr. Tanaka's proposal will be accepted by the Sales Department.

〜はどうにもできないことである
国際経済は，私たちにはどうすることもできません。
> The international economy is something that is beyond our control.
>
> ＊― be outside our control でも同様の意味になります。逆は be in (under) control of...。
>
> We have no control over the international economy.
>
> ＊―逆は have control of ...。

〜は周知の事実である
この詳細は，いまや周知の事実であります。
> The details are now proven facts.

〜と考えられている
今年，スター・トレーディング会社は急速に売上を伸ばすだろうと考えられています。
> It is believed that Star Trading Company will rapidly increase its sales this year.

最大の関心（問題）は〜である
最大の悩みは経費削減です。
> Our biggest concern is the department's budget cut.

最大の関心はジャックブラウンが協力を拒んだことです。

> We are concerned the most that Mr. Jack Brown has refused to cooperate with us.

～と見える

この問題はすでに解決されたように見えます。
> This problem appears to have already been solved.
>
> ＊──「appear to have＋過去分詞」は，「～したように見える」と過去の意味になります。

流れ作業は順調に進んでいるように見えます。
> It appears the assembly line is running smoothly.
>
> ＊──It appears のあとには that が省略されています。
>
> The assembly line appears to be running smoothly.

～と見えるが，しかし～

このプロジェクトは簡単そうに見えますが，完成させるのは非常にむずかしいです。
> This project may seem easy but it is difficult to complete.

むずかしそうに見えますが，この（車の）ナビゲーション・システムを操作するのはかなり簡単です。
> Although it looks difficult, the automobile navigator system is actually quite easy to operate.

～は不完全である

この件について，いくつか報告がありましたが，いずれも不完全なものでした。
> I have received some reports on this subject. However, all of them are incomplete.

～がじゅうぶんでない

証拠が不十分です。
> ＊──この場合の evidence は不可算名詞なので，単数形 is で受けます。
>
> There is not enough evidence.
>
> The evidence is insufficient.

いまの時点では，じゅうぶんな証拠がそろっていません。
> There is not enough evidence at this point.
>
> ＊— At this point, there is not enough evidence to support the argument. などと，より具体的に何が（理論，考え，意見などが）立証・証明できないかにふれたほうが理解しやすい表現です。

～が残されている

本プロジェクトにはいくつかの困難な問題が残されています。
> Some difficulties still remain with the project.

～は～によるものである（～が～の原因となる）

これは気候の変化によるものです。
> I think it is because of the change in climate.
>
> ＊— because of = due to
>
> I believe it is caused by the change in the weather.

気候の変化が作物に被害を与えました。
> The changes in the climate caused damage to the crop.

～の理由は～ではない

失敗の理由は資金不足ではありません。
> The lack of funding is not the reason why it failed.

～を実践的に応用する

私たちの研究を実践的に応用するためには，さらに研究する必要があります。
> Further research is necessary in order to apply the research in a practical way.
>
> ＊— necessary を needed に置き換えても同様の意になります。

3―論拠を述べる　　　　　　　　　　　　　　　CD6

論拠なしに主観的な意見を言いきることは望ましくありません。まずは，理論的にものごとを考え，文章を構成することから始めましょう。

　　　　　　　　＊　　　　　＊　　　　　＊

～は～から明らかである
新しい店舗での顧客満足度が上がったことは，売上増加から見ても明らかです。
> The sales increase shows that customer satisfaction has improved at the new store.

～から見て～といえる
売上の増加から見ても，新マーケティング戦略は成功したといえます。
> As we can see from the increase in sales, our new marketing strategy was a success.

～を見ると～である
世界におけるITマーケティング・システムを見ますと，これからも著しい変動が予測されますので，こうした変化に対応することが重要になります。
> Looking at IT marketing systems globally, it can be predicted that things will continue to dramatically shift in the future. Therefore, the ability to respond to these changes will be essential.

さかのぼってみると～である
過去10年間の当社の出荷数をさかのぼって調べてみますと，今年が過去最高であることがわかりました。
> Tracking the number of annual shipments retroactively for the last 10 years, we have found that this was a record-setting year.

～は～を示している
あらゆる証拠はコンサルタントがミスをしたことを示しています。
> The evidence indicates the consultant made a mistake.

～の例から～を説明する
いくつかの例を出してこの件について説明いたします。
> Let me clarify by giving you some examples.

〜を裏づける
この予想を裏づける例をお見せいたします。
> Here is a specific example that supports my prediction.
>> *― prediction の代わりに forecast も使えます。いずれも可算名詞です。

〜に導かれる
この結論は，多くの実験に裏づけされた確固たる理論から導かれました。
> We reached this conclusion by applying this valid theory.
>> *― by applying the theory of ... と，理論の具体的な名前などを使って説明をするのもよいでしょう。

〜に基づいている
この結論は以下のような観察に基づいたものです。
> We came to this conclusion based on the following observations.

〜を基盤とする
私の研究は，田中 宏博士の研究結果（発見）を基盤にしております。
> My research is based on Dr. Hiroshi Tanaka's findings.

〜の方法をとる
私は以下の方法をとりました。
>> *―「〜に対して以下の方法をとる」と言うときは，applied the following methods to... とします。
>
> I used the following methods.
> I applied the following methods.

〜と定義している
この基本概念は田中 宏博士が定義したものです。
> Dr. Hiroshi Tanaka has defined the basic concept.
>> *― the basic concept as ... と定義の説明も一緒にするとよいでしょう。

〜から情報を得る
ハーバード大学の研究者から情報をいただきました。
> I have obtained this information from researchers at Harvard University.

～によって証明される
この需要と供給の法則は私たちのデータによって証明されました。
> The law of supply and demand was verified by our data.

～であることを証明する
いくつかの実験が，私の理論が正当であることの証明を助けました。
> Several experiments have helped to prove that my theory is valid.

～に認められている
今日，私の考えは多数の研究者によって確認されるようになりました。
> Today, a large number of researchers support my views.

～に掲載されている
この論文は，昨年の『インターナショナルサイエンス』誌に掲載されています。
> This paper was published in *International Science Magazine* last year.

～を観察した結果
今年のマーケット・トレンドを観察した結果，生産を増やしたほうがよいという結論に達しました。
> We observed this year's market trends and came to the conclusion that we should increase production.

～を調査した結果
個人番号管理システムを簡単に調査した結果，いくつかの要改善点が認められました。

> *―英語の理論展開では，改善を求めたあとは，改善すべき箇所を具体的に説明したほうがよいでしょう。

> Our investigation of the ID number control system revealed that it needs improvement.

> After examining the control of personal ID numbers, we recommend some changes in the system.

～を検討した結果

事実を慎重に検討した結果，プロジェクトを進めることにしました。
> Based on careful consideration of the facts, we decided to continue the project.

事実を慎重に検討した結果，鈴木氏をそのポジションに任命することにしました。
> After careful consideration of the facts, we have decided to appoint Ms. Suzuki to the position.

～を適用する

そのためには新しいシステムを適用する必要があります。
> We need to apply a new system for that objective.
> To achieve those ends, we need to apply a new system.
>> ＊—この場合の end は「目的」の意味です。たいていは複数形で使います。

私の知るかぎりでは

私が知るかぎりでは，ウォルシュ株式会社には会社所属の通訳がいません。したがって，通訳を一人，今回の会議のために雇ったほうがよいでしょう。
> You should hire an interpreter for the meeting because as far as I know Walsh Corporation does not have an in-house interpreter.
>> ＊— in-house interpreter とは「社内通訳」のことです。
> As far as I know, Walsh Corporation does not have its own interpreter. Therefore, you should hire one for the meeting.
>> ＊— as far as を as long as に置き換えることもできます。

4—検討する　　　　　　　　　　　　　　CD7

検討・修正などの余地がある件は，あいまいな言い方をせず，その内容や見とおしをはっきり説明しましょう。そのほうが発表者に対する信頼度を高めることができます。

* * *

～を検討する

私たちの実験結果をもっと慎重に検討しましょう。
> I think we should take a closer look at the results of our experiment.

失敗に至った原因を検討しましょう。
> Let us investigate the cause of this failure.

～かどうかを検討する

この批判が妥当なものであるか検討してみましょう。
> ＊─ whether のあとに to 不定詞をつけて，whether to approve this plan「この計画を承認するべきかどうか」などという表現もできます。

> I think we should take a look at whether the criticism is justified or not.

> Why don't we examine the validity of the criticism?

> Let us look at whether this criticism is justified or not.

～について考えてみる

この問題について考えてみましょう。
> Let us discuss the problem now.

～を修正する

マーケティング戦略を修正する必要があります。
> We need to make changes in our marketing strategy.

> We should reexamine and change our marketing strategy.

> ＊─動詞の頭に re- が付くと，「再び～する」の意味になります。ほかに，reconsider「再考する」も同様の意味で使うことができます。

～に関して理解を深める

私たちには，このテーマに関してより理解を深める必要があります。
> ＊─ develop a deeper understanding の代わりに promote a better understanding でも同様の意味になります。

> We need to develop a deeper understanding about this topic.

> It is essential that we develop a deeper understanding about this topic.

根本から〜する

こうした要素は根本から修正されなければなりません。

> These elements need to be fundamentally corrected.
>
> ＊― corrected の代わりに revised や amended を挿入することもできます。

〜を考慮して〜する

私たちは，現在の状況を考慮しながら，本プロジェクト成功のために万全の策をとらなければなりません。

> Considering the current situation, we must take all possible measures to ensure the success of this project.

〜を考慮に入れて

すべてのことを考慮に入れて，2月の数字には満足しています。

> ＊― aspect は，ここでは「(もの，ことの) 面」の意味。in its all aspects は「あらゆる面で」。
>
> We are satisfied with February's figures after considering all the aspects.
>
> After considering all the aspects, we are satisfied with February's figures.
>
> We looked into all the aspects related to the monthly report. We are satisfied with February's figures.

対策を講じる

いまのうちに対策を講じなければ，近い将来，後悔するでしょう。

> We will regret it in the near future if we don't take action right now.
>
> If we don't take some steps at this stage, we will regret it in the near future.
>
> ＊― take some steps の代わりに take some measures も使えます。step も measure も通例，複数で用いられます。

> We will regret it in the near future if we don't take preventive measures right now.

5―意見を述べる　　　　　　　　　　　　　　　CD8

　意見を述べる際は，自信をもって大きな声で言うだけで，聴く側の注意を引くことができます。むりに欧米人風に発音しようとするよりも，相手に理解してもらえるように丁寧に発音することがたいせつです。

　　　　　　　　　＊　　　　　　＊　　　　　　＊

～について意見を述べる
あなたの提案について意見を述べたいと思います。
> I would like to comment on your proposal.
>> ＊―I think... と続けて意見を述べてください。また，英語では，I like your proposal because... や，I think the proposal should be changed because... などと直接，意見を言うほうがより自然です。

スミス氏の考えに対する意見を述べたいと思います。
> Let me share some of my thoughts on Mr. Smith's idea.
> I would like to comment on Mr. Smith's idea.
>> ＊―I agree with Mr. Smith because... や I disagree with Mr. Smith due to the fact that... などと，なぜ賛成なのか，反対なのか，どこに問題点があるか，などの理由を付け加えて話をしたほうが自然です。

～に関する私の考えは以上のとおりである
アメリカ・ドルに対するユーロと日本円の最近の下落に関する私の考えは以上のとおりです。
> Here are some of my personal views about the recent depreciation of the Japanese yen and the EU euro against the U.S. dollar.
>> ＊―depreciation は「通貨の下落」という意味です。

～というのが私の見解だ
結果からみて，この実験は成功に終わったというのが私の見解です。

| Judging from the results, I think the experiment was successful.

私たちの考えでは〜

私たちの考えでは，製品をこの価格で購入すべきです。
| We believe that the product should be purchased at this price.
＊―We should purchase the product at this price because ... などと理由を一緒に説明すると，聞き手にはわかりやすいでしょう。

〜と思われる

この疑問に回答を出すのは，まだ早いように思えます。
| It seems too early to answer this question.

率直に言うと〜

率直に言うと，マーケティング・グループはあと10人の増員が必要だということです。
| Getting right to the point, our marketing group needs ten additional staff members.

早急に〜する

早急にマネージャーの要求に応えるべきです。
| We should immediately meet the manager's demands.

〜を差し控える

未完成の研究を発表することは差し控えるべきです。
| I do not think we should present an unfinished study.

〜を尊重する

田中さんの実践的な経験を尊重すべきです。
| I think Mr. Tanaka's practical experiences are valuable.
＊―valuable は「価値がある」という意味です。上記の例文では，「田中さんの実践的な経験は価値があると認める」，すなわち「尊重をしている」という意味になります。

〜を心にとめておく

顧客の要求を心にとめておくべきです。
| ＊―Client demands are important because ... などと理由も一緒に説明すると

よいでしょう。
| We should become more aware of our client demands.
| We must remain aware of our customer's requests.

将来，〜する
この研究を継続することで，これらの問題を近い将来，解決できます。
| The continuation of this research should help to solve these problems in the near future.

〜すべき点がある
わが社の方針には見直し，変更すべき点がたくさんあります。
| There are many areas in which we should reexamine and change company policy.

〜かもしれない
この研究を進めるにあたって，この方法は単純で便利かもしれません。しかし，この方法は大きな誤差を生みだします。
| This may be a simple and convenient way to conduct the research. However, this method produces a large measure of error.

〜に満足している
結果として，2月の数字には満足しています。
| ＊―この場合，「結果として」には As a result という表現は使わず，In all や Overall を用います。
| In all, February's figures are satisfactory.
| Overall, we are satisfied with February's figures.

〜を懸念する
この件で私たちが懸念しているのはニューヨークと東京の時差（の問題）です。
| We are concerned about the time difference between the New York office and the Tokyo office.
| ＊―Our concern is the time difference... と，concern を名詞として使うこと

もできます。
> We are worried about the time difference between the New York office and the Tokyo office.

柔軟に〜する

頼りになる大学生もいるので，彼らを柔軟に雇っていく必要があります。
> We need to be flexible enough to hire university students because some of them are very reliable.

6 — 視点を変える　　　　　　　　　　　　CD9

1分1秒を無駄にできないビジネスの世界では，必要な情報を限られた時間内で適切に整理しなければなりません。視点を変える言い回しは，こんなとき大変役に立ちます。

　　　　　　　＊　　　　　＊　　　　　＊

つぎの〜に移る

つぎのトピックに移りましょう。
> Let's move onto the next topic.

ここで〜を変える

ここで話題を変えましょう。
> Why don't we change the topic at this point?

〜はあとにして，〜に移る

その問題はあとにして，つぎのテーマに移りましょう。
> Let's move onto the next theme and come back to this issue later on.

つぎに，〜

つぎに，パワーポイントのスライド・ショーをお見せしましょう。
> Next, let me show you a Power Point slide show.

つぎに当然くるのは

つぎに当然あげられる質問は，このビジネスをどのように促進するかということです。

> Logically, the next question we should ask ourselves is "How can we promote this business?"
>
> *— logical は「理論的な」という意味です。例文は、「理論的に整理をすれば、当然つぎにくるのはこのような質問だろう」といった意味をなします。

これまでは～, ここからは

これまでいくつかの東アジア市場を見てまいりました。ここからはアジア市場全体について考えてみましょう。

> *— up to～ は「～まで」, so far は「これまで」の意味。「これまで見てきた」というのはある一定の時間の動作なので, 現在完了形と一緒に使います。
>
> Up to this point, we have looked at several East Asian markets. Now, let us think about the Asian market as a whole.
>
> So far, we have examined several East Asian markets. Now, let us discuss the Asian market as a whole.

あとでもう一度ふれる

この問題については, のちほどもう一度ふれたいと思います。

> I will touch upon this subject later, once again.

7─話を戻す　　　　　　　　　　　　　　　CD10

話が主題からそれてしまった場合は, 再度, 聴衆の目を主題に向けなおすようにしましょう。質疑応答の席でも同様のことがいえます。

　　　　＊　　　　　＊　　　　　＊

主題に戻す

話を主題に戻しましょう。

> *— Let's のほうが let us と言うより自然に聞こえます。
>
> Let's get back to the main topic.
>
> Let's get back on track.
>
> Let's get back to what is important.

横道にそれたので戻る

話が横道にそれています, もとの話題に戻りましょう。

| We're digressing. Let's go back to the original subject.
| We are deviating from the main subject. Let us return to it.
＊―「横道にそれる」は，deviating from の代わりに wandering from も使えます．

深入りせずに戻る

この問題にこれ以上深入りするのはやめて，本題に戻りましょう．
| Instead of going further into this topic, let us return to the main subject.
| We are diverting from the main subject. Let us return to it.

～に戻ってくる

そうなると（必然的に），話は最初の問題に戻ってきます．
| In that case, we must discuss the initial issue here.
| Therefore, we must inevitably come back to the first issue.

それで経費の問題に戻ってくるわけです．
| That is why we return to the issue of expenses.
| This is why we come back to the issue of expenses.
| That is the reason why we come back to our discussion on expenses.

8―強調する

「相手が自分の気持ちを察してくれるであろう」と期待してはいませんか？　まずは，自分の主張をきちんと伝えようと努力をすることがたいせつです．

　　　　　　　＊　　　　　＊　　　　　＊

～を強調する

私はこのプロジェクトの重要性を強調したいと思います．
| I would like to emphasize the importance of this project.

来春には実用化するめどがたっているということを強調したいと思います．

| I would like to emphasize that we are ready to put it into practical use by next spring.

〜を再度，強調しておく
コストを3割減らせるということを，ここで再度，強調しておきたいと思います。

| I would like to reemphasize that we can cut costs by 30 percent.

どんなに強調しても，しすぎることはない
この製品があらゆる機種に対応するということは，どんなに強調しても，しすぎることはありません。

| We cannot overemphasize the fact that this product is compatible with every model available on the market.

強調されるべきことは〜である
ここで強調されなければならないことは，今後もこの傾向が確実に続くだろうということです。

| It must be emphasized that these trends will continue in the future with great certainty.

| I want to stress that these trends will continue in the future with great certainty.

もっとも〜すべき点は〜である
もっとも注目すべき点は，従来の製造ラインをそのまま使用できるということです。

| The most notable feature is that without changing anything, the conventional production line can still be used to manufacture as it is.

| The most notable feature is that without change, existing production lines can still be used for manufacturing.

ぜひとも〜したい
当社では，なんとしても年内にはこの問題を解決したいと思っています。

| At all costs, we must absolutely resolve this issue by the end of

| the year.

当社では，ぜひとも今年の秋までに新製品を発売したいと思っています。
| By all means, we are eager to launch our new product by this autumn.
| We are very much determined to launch our new product by fall.

妥協の余地がない

妥協の余地がありません。
| There is no room for compromise.
| ＊—「妥協の余地があります」は，There is room for compromise となります。

最大限の〜をする

安全性確保のためには，最大限の配慮を図っております。
| We are giving our utmost attention to safety.
| Safety is our greatest concern.

最大限の安全性を確保するために，われわれは施設を毎日，点検し，作業員のためのワークショップを毎月，実施しております。
| In order to ensure safety of the highest degree, we inspect our facilities daily and conduct workshops for our employees on a monthly basis.

強く〜する

この提案を強く推薦します。
| We highly recommend this proposal.

9—確信する

英語のプレゼンテーションでは，I think「〜と思う」や It may「おそらく〜であろう」といった曖昧な表現は好ましくありません。I strongly believe「〜と強く信じる」や I am certain that「〜と確信する」のように，強く主張しましょう。

＊　　　　＊　　　　＊

～と確信する

あなたの提案が承認されると確信しています。

> ＊— sure や positive のあとには that が省略されています。あとに名詞がくるときには，つぎのように of または about を使います。I'm sure of your success. ＝ I'm sure（that）you will succeed.

I am sure your proposal will be approved.

I am positive your proposal will be approved.

～が決め手になると確信する

この事実が，この問題を解決する重要な決め手になると確信します。

I am convinced this fact will be the decisive factor in settling this problem.

～と信じている

私たちの新商品の質は優れていると信じております。

> ＊—二つ目の例文は，断定することで話し手の確信を表わしています。

I believe the quality of our new product is excellent.

The quality of our new product is the best on the market.

きっと～だろう

新しいサービスはきっとあなたの（御社の）期待に合致することでしょう。

I strongly believe this new service will meet your expectations.

> ＊— believe のまえに strongly といった副詞をつけるだけで，聞き手に強い印象を与えることができます。

当社の新製品に，きっとご満足いただけることと思います。

I am truly confident that you will be fully satisfied with our new products.

I am quite sure you will be fully satisfied with our new products.

自信をもって～する

自信をもって，この企画を推奨いたします。

I highly recommend this plan.

| Without any doubt, I highly recommend this plan.

10 — 重要性を述べる　　　　　　　　　　　　　　CD13

「重要な」というと，important という形容詞がすぐに頭に浮かびますが，ほかにも，critical や essential といった形容詞も代替できます。勇気をだして新しい言葉を積極的に使ってみましょう。

＊　　　　　＊　　　　　＊

～が重要である
新入社員においては，学歴よりも実務経験のほうが重要です。
| The work experience of new employees' is more important than their educational background.

～することが重要である
弊社社員は，われわれがこの分野においては国際レベルに遅れをとっていることを認めることが重要です。

> ＊— be behind は「遅れている」の意味。また，employ「雇う」という動詞に接尾辞 -ee をつけることで，その行為を受けるもの employee「従業員」の意味になります（employer は「雇い主」）。

| It is important that our employees recognize we are behind in the international standards of this field.
| Our employees need to recognize we are behind in the international standards of this field.

重要なことは～である
重要なことは，消費者の信頼を回復することです。
| It is critical that we regain the trust of our customers.
| The key issue is to regain the trust of our customers.

～において重要なことは～である
新製品開発において重要なことは，入念なマーケティング・リサーチを怠らないことです。
| When developing new products, it is essential to make every

effort to carefully research the market.

～のもっとも重要な点は～である

この議論のもっとも重要な点は、新システムでは安全性が飛躍的に向上するということです。

The most important point of this discussion is that the new system will dramatically increase security.

～を重要視する

中小企業は新入社員の実務経験を彼らの学歴より重要視します。

Small and medium sized companies consider new employees' job experiences more important than their educational background.

重要な条件は～である

プロジェクト・マネージャーのもっとも重要な条件は、スケジュール管理能力とコスト管理能力です。

Time management and cost management skills are the most important qualities of project managers.

～は入念な注意をはらうに値する

この指摘は、入念な注意をはらうに値します。

This is a valuable suggestion that should be looked at more carefully.

This point is worthy of careful consideration.

11―必要性を述べる　　　　　　　　　　　　　　　CD14

「必要な」を意味する necessary や needed よりも、「不可欠な」を意味する vital や essentail のほうが、強く要求されているようすを表わします。必要性の度合いに応じて使い分けてみましょう。

*　　　　　　　*　　　　　　　*

～が必要である

このマーケティング・リサーチには信頼性の高いデータが必要です。

| This marketing research needs the support of reliable data.

〜する必要がある（〜すべきである）

より信頼性の高いデータを集めるために，もう一度，同じ実験をしなおすべきです。

| We need to conduct the test another time to gather more reliable data.

| ＊―理由も付け加えて説明するほうが明確な表現です。

〜するためには〜する必要がある（〜すべきである）

この問題を解決するためには，いままでとは異なったアプローチに挑戦する必要があります。

| We need to try a different approach in order to solve this problem.

| ＊― to solve this problem は行為の目的を表わしています。

今回の新規企画案を成功裡に終わらせるには，一つひとつ正確にステップを踏んでいかなければなりません。

| ＊― carry out ... は「〜（計画・義務など）を実行する」の意味。

| We need to carry out each step precisely for the plan to be successful.

| ＊― for the plan to be successful は行為の目的を表わしています。

| It is necessary for us to carry out each step precisely for the plan to be successful.

| If the plan is going to be successful we need to carry out each step precisely.

〜することが不可欠である

これを年内に商品化させるには，開発スタッフを現状の倍にすることが不可欠です。

| In order to commercialize this product by the end of the year, it is vital that the number of staff members working on this product is doubled.

～する必要はない

ニューヨークと東京の時差を現時点で考える必要はありません。

> There is no need to be concerned about the time difference between New York and Tokyo.

たとえ～であろうと，～せねばならない

たとえこのプロジェクトがむずかしかったとしても，それを期日までに終わらせなければなりません。

> No matter how hard this project is it must be finished on time.
>
> Despite the difficulty of the project, we must finish it by the deadline.
>
> ＊— despite＋名詞＝in spite of＋名詞
>
> It doesn't matter how difficult the project is. We must finish it on time.

結果に意見の一致がみられないとしても，研究を継続する必要があります。

> It is important that we continue the research even if we do not agree on the results.

～がなければ不可能である

各部署の協力がなければ，この試案の実現は不可能です。

> This tentative plan will never work without the cooperation of other divisions.

～は避けられない

早急に対策を講じなければ，このプロジェクトが危機に直面することは避けられません。

> This project will soon face an emergency unless some actions are taken immediately.

12—仮定する

「AであればBである」といった文章には，ifを接続詞として用います。

一方,「たとえ A であったとしても B である」といった文章には, although や even if を用います。これらは,中学時代に学んだ基本的な接続詞の用法です。学生時代に使用した文法書を再度,復習するだけで,いままで何げなく使ってきた接続詞の正しい用法に気づき,自信をもって作文できるようになります。

*　　　　　　*　　　　　　*

もし〜ならば

もしこの変更をいますぐ実施すれば,損害を最小限に食い止めることができるでしょう。

> The damages can be minimized if these modifications are made immediately.

〜であるとすれば

この記事が正しいとすれば,見通しは明るいといえます。

> According to this article, if what it says is true, the outlook for the future is bright.

〜と仮定して

社内の体制づくりに1年かけられると仮定して,全体のプランを作りました。

> I created an overall plan under the presumption that a year could be spent to restructure the organization of the company.

仮に〜としよう

仮に第1案も第2案も原材料費は等しいとしましょう。

> Let us suppose the costs of raw materials are equal in both the first and second proposals.

〜であると仮定できる

この調査結果から,現在の方法が有効であると仮定できるでしょう。

> Judging from the results of the inquiry, we can presume that the current methods are valid.

〜であると仮定している

私は，伸び率を1.2パーセントと仮定しています。
| I presume the rate of growth to be 1.2 percent.

〜を〜とみなせば

白紙票を棄権とみなせば，約７割の賛成が得られたことになります。
| If we assume the blank forms to be absent votes, we have the support of approximately 70 percent of the votes.

〜を〜と考えれば

この点を必要十分条件だと考えれば，現行の方法では不十分です。
| If this were going to be the required standard, the current method would be insufficient.

もし〜したら，どうなるか

もしいまの東京に関東大震災級の大地震が起きたら，どうなるでしょうか。
| What would happen to Tokyo if an earthquake of the magnitude of the Great Kanto Earthquake hit now?

たとえ〜だとしても

たとえ大地震が起きても，本社機能は維持できるようになっています。
| Even if a large earthquake were to hit, the headquarters will be able to maintain its functions.

仮に〜だとしても

仮にそれが法律的には問題ないとしても，やはり私は反対です。
| Although there may be no problems legally, I am still against it.

〜しだいである

それはすべて調査の結果しだいです。
| It will totally depend on the results of the investigation.
| It will totally depend on the results of the research.

これが成功するかどうかは，業界全体の協力が得られるかどうかによります。

> Whether this will be successful or not will depend on the cooperation of the industry as a whole.

それはあなたしだいです。
> The decision is yours.
> It depends on what you think.

〜といえなくもない

現在のシステムでも可能だといえなくもありませんが，効率を考えると，あまり現実的だとは思えません。
> Hypothetically, it may be possible to use the current system. However, if we consider the efficiency, it may not be a realistic option.

13—特徴を述べる　　　　　　　　　　　　　CD16

商品・製品・サービスを説明する場合は，まず主たる特徴をまとめて発表し，つぎに，それぞれの詳細を説明するようにしましょう。いかなるメッセージも，聞く側の立場に立って整理することがたいせつです。

　　　　　　　＊　　　　　　＊　　　　　　＊

〜の特徴は〜である

この製品の特徴は，軽量さにあります。
> The product's main feature is its lightness.

〜の特徴は〜ということである

わが社の特徴は，生協とのパイプが強いということです。
> Our company prides itself in its strong connections with the consumer's cooperative society.
> The main feature of our company is that we have strong ties with the Co-op.

〜の長所は〜である

この商品の長所は，低価格で耐久性があるということです。
> The strength of our product is that they are inexpensive and

| durable.

結論として、この新製品の三つの長所は、低価格で耐久性があり、かつ軽量であるということです。
| In conclusion, the three strengths of this new product are, being inexpensive, durable and light.

〜のおもな特徴は〜である
日本の労働組合のおもな特徴は、企業別組合だということです。
| A major characteristic of Japanese labor unions is that they are separate company unions.

〜のきわだった特徴は〜である
当社の菓子のきわだった特徴は、国産小麦を使っていることです。
| The major distinction of our confectionary products is that we only use domestic wheat.

〜の特徴の一つは〜である
この物質の特徴の一つは、速乾性です。
| One characteristic of this material is that it dries quickly.

〜は〜を特徴づけている
環境保護（目的）が、このプロジェクト全体の特徴となっています。
| This project is overall characterized by the objective of protecting the environment.

14—比較する   (CD17)

規模の大小や、利益の成長率などは、個々人の概念によって受け取り方が異なる危険性があります。より正確に度合いを伝えるには、数値を用いたり、既存概念と照らし合わせたりしながら説明するとよいでしょう。

＊　　　　＊　　　　＊

〜と比較すると
昨年の同時期に比較すると、今年は売上が15パーセント、アップしました。
| Compared with the same period last year, sales have increased

15 percent this year.

同業他社に比べて当社は比較的小規模です。
> In comparison with other competitors, we are a smaller company.

〜に照らすと

就業規則に照らしてみると，今回の改変には若干，問題があります。
> According to employment regulations, there will be a slight problem when making these changes.

○に対して△は〜である

中高年者と違って，若い人たちは企業への帰属意識が薄いようです。
> Unlike the older generations, younger people seem to identify less with the company.

○は△と反対である

この件に関して，私たちの考えは有識者の考えと反対です。
> We disagree with the experts over this issue.
> We oppose the expert's views over this issue.

15──一致・類似・相違を述べる

聴衆がすでにもつ概念と照らし合わせながら説明をしていくと，語り手と聞き手とが同一の概念を共有することができます。一致，類似，相違を伝えるフレーズをいくつか覚えておきましょう。

* * *

○は△と同じである

当初の予測と調査結果は同じでした。
> The research results matched our initial predictions.

○は△と一致している

営業サイドと現場の考えは一致しています。
> The sales division's ideas are congruent with the ideas of those who actually do the work.

〜は同等である
調査対象者の学歴は同等でした。
> The subjects in our study had the same educational background.

同じことが〜についてもいえる
同じことがバージョン2についてもいえるでしょう。
> The same can be said for the second version.

同じ○が△にも見られる
同じ現象が海外の工場にも見られます。
> The same phenomenon can be observed with overseas factories.

○に関していえることは，△に関してもいえる
パート職員に関していえることは，正社員に関してもいえます。
> The things that apply to the part-time staff apply to the full-time staff as well.

○は△に似ている
この件における当社の見解は貴社の見解ときわめて似ております。
> I believe our interpretation of this matter is similar to yours.

○は△という点で□に似ている
高齢者向けという点で，この製品はF6型と似ています。
> This product is similar to the F6 model in terms of targeting the elderly.

同じような〜で
同じような手法で，残りの問題も解決できます。
> Using a similar approach, we can resolve the remaining problems.

○は△と異なる（違う）
その結果は，予想とまったく異なっていました。
> The results completely differed from our predictions.

当初は，営業部の考えは製造部のものと違っていました。
| Initially, the ideas of the sales department differed from the manufacturing department's ideas.

○は△という点で□と異なる
A–3型は，リモコン操作機能がついているという点でA–2型と異なります。
| The A–3 model differs from the A–2 model in that it is equipped with a remote control function.

～は別問題である
実用化はじゅうぶん可能ですが，採算がとれるかどうかは，また別問題です。
| The practical application is possible but whether or not it will be profitable is a different issue.

～に反して
われわれの予想に反して，利用者の半数以上が中高年男性でした。
| To our surprise, the majority of the customers were middle-aged men.

16―表やグラフを説明する　　　　　　　　　　　CD19

言葉で説明するよりも，1枚の図表のほうが多くのことを物語ることがあります。ただし，同時にあまり多くの情報を提示すると，読む側の集中力の妨げとなります。1枚のスライドに含む図表の数は，多くとも3点以内にとどめましょう。

　　　　　　　＊　　　　　　＊　　　　　　＊

～をご覧ください
さきほどお配りした資料をご覧ください。
| Please take a look at the handouts that were passed out earlier.
お手もとの資料の5ページをご覧ください。
| Please take a look at page five of the packet.

第2章　明瞭・明快に展開する

〜をご参照ください

昨年の統計図表をご参照ください。「2001年の収益」という題です。

> Please refer to this statistical chart from last year. It is titled "Revenue of 2001".

> ＊一例文のように，It is titled "…"と，統計図の題名（タイトル）を続けて説明してみましょう。

〜を添付してある

ご参考までに，昨年度の欧州地域における販売実績の数値を添付してあります。

> For your reference, we have attached last year's sales performance figures within Europe.

〜を配布してある

みなさんのお手もとには，各ページにそれぞれ三つの図式が載っている，10ページの資料があるはずです。資料がお手もとにないかたはお申しでください。

> I have provided ten sheets with three diagrams on each page in front of you. If someone is missing a packet, please let me know.

〜を示している

このスライド（OHP）は弊社の新製品を示したものです。

> This slide (transparency) shows you our new product.

では，いま申しあげたことを再度，図式で示しましょう。

> Let us review what I just talked about in the form of a diagram.

このグラフの縦軸は売上高，横軸は年度を示しています。

> The horizontal axis of this graph represents the year while the vertical axis represents sales figures.

表中の赤い数字は，各品目の売上目標の数値を示しています。

> The red colored values in the table represent the sales targets for each of the items.

〜が示すとおり

図 2-1 が示すとおり，消費者からの問い合わせは午前中に集中しています。

> As figure 2-1 indicates the majority of the inquiries are concentrated during the morning.

〜ということを物語っている

このグラフは，日本人は 3〜5 年で車を買い替える傾向にあることを物語っています。

> This graph indicates that there is a tendency among the Japanese to buy a new car every three to five years.

図 1-A の折れ線グラフは，この商品が着実に売上を伸ばしていることを物語っています。

> Line Graph 1-A reveals that this product is steadily increasing in sales.

〜を表わしている

アミ（太字）の部分は，新たに付け加えられた機能を表わしています。

> Sections that have been shaded (are in bold) indicate the newly added features.

過去10年間の売上の推移は，表 1-2 に表わされています。

> Table 1-2 indicates the changes in sales over the last ten years.

〜を図で表わしたものである

これは，商品が消費者の手に渡るまでの過程を図で表わしたものです。

> This diagram displays the process of how the product is distributed within the market before reaching the average customer.

このスライドは，当社の過去 5 年間の売上実績を図で表わしたものです。

> This slide is a diagram showing our company's sales performance from the last five years.

～を比較したものである

この資料は，同業他社の製品との品質および価格を比較したものです。
> This document compares our products with our competitor's products in terms of both price and quality.

～をまとめたものである

表5は消費者からの問い合わせ内容をまとめたものです。
> Table 5 is a summary of the inquiries we have received from our customers.

図1～3は，2002年の商品別売上高を各店舗ごとにまとめたものです。
> Diagrams 1 through 3 are a compilation of sales figures from 2002 for each product, according to each store.

～がわかる

この折れ線グラフから，電子辞書が毎年，順調に売上を伸ばしていることがおわかりになるでしょう。
> Looking at the line graph we can see that electronic dictionaries are steadily increasing in sales each year.

図2の棒グラフから，パソコンの売上がこの1，2年，横ばいであることがわかります。
> From figure number 2, we can learn that personal computer sales figures have been stagnant for the last year or two.

— Tea time ❷ —

情熱をもって語る

　私の人生に大きく影響を与えてくれた先生がたは何人かいらっしゃいますが，インパクトの大きさという点では，ハーバード・ビジネス・スクールの先生がたの右に出るかたはいないのではないかと思います。

　私は機会を得て，1999年の4月から10週間，ハーバード・ビジネス・スクールが誇る世界最強の経営者育成プログラムといわれる上級マネジメントプログラム（AMP＝Advanced Management Program）に参加しました。そこで遭遇した先生がたのすばらしさについて少しお話ししたいと思います。

　世界有数のビジネス・スクールでの最上級のプログラムであるAMPで教える先生がたが世界でもトップクラスであることは，疑う余地がありません。それでは，何がそんなにすばらしいのか，と聞かれたら，私はためらいなく，教育にかける情熱だ，と申しあげたいと思います。

　先生がたはそれぞれの専門分野でも有数の研究者であることは言うまでもありません。ハーバード・ビジネス・スクールで終身在職権（tenureといいます）をもつことは，並大抵のことではありません。精鋭たちがこの名誉あるポジションを求めて熾烈な競争を展開します。研究業績が重視されることは当然です。教授陣のなかには，企業のコンサルタントをしたり，社外取締役の要職に就いたりしているかたも少なくありません。したがって，世間から遊離した象牙の塔に閉じこもった研究者ではなく，ビジネスの最前線で活躍している場合も多いのです。

　どの先生もみな本当に優秀なのですが，何より私が感動したのが，彼らのあふれんばかりの情熱です。あるときはユーモラスに，またあるときは身振り手振りを交えながらの大熱演をしてくれます。リーダーシップの分野で世界的に有名なコッター教授は，あふれる思いから目に涙を浮かべながら，私たちにリーダーシップのたいせつさを語ってくれました。スピーチやプレゼンテーションのポイントはいくつかありますが，究極的には，あふれんばかりの熱き思い，ではないでしょうか。

第1部　ワン・ウェイの表現

第3章
内容の定着をはかる

――――コンクルージョン――――　　　CD20

　聴衆が会場を去る際，何を覚えていてもらいたいですか？　「ああ，おもしろかった」と言ってもらうだけではなく，重要なメッセージをお土産として持ち帰ってもらいましょう。そのためにも，重要なポイントは3点から4点程度に整理しておくこと。また，発表全体を印象づけるためには，コンクルージョンで聴衆の心に直接的に訴えかける内容を含めるとよいでしょう。

1―提案をまとめる

　最善案を決定する際は，複数の事例をいくつかの評価基準で見なおし，比較をし，そのなかで総合的に優れているものを選択するとよいでしょう。提案や要請を受け入れてもらうには，じゅうぶんな裏づけ資料の用意が必要です。

　　　　　　　　＊　　　　　　＊　　　　　　＊

提案がある
　提案があります。
　　| I would like to make a suggestion.
　　| I have a proposition.

〜を提案する
　予算の削減を提案します。
　　| We recommend a cutback in the budget.

〜するという提案をする
　この件については特別チームを組んで取り組むよう提案したいのですが。

> I would like to propose that we create a special task force to take care of this matter.

〜についての提案を述べる

ウォルシュ株式会社との合弁について,いくつかの提案を述べてみたいと思います。
> I would like to make some suggestions about the joint venture with Walsh Corporation.

ジェームズ株式会社のプロジェクトをどうするかについて,いくつかの提案を述べさせてください。
> Let me make some suggestions about how to deal with the James Corporation project.

〜してはどうですか

これからは,もっと積極的に異業種への参入を考えてはどうでしょうか。
> From now on, shouldn't we consider actively entering other industries as well?

〜について考えましょう

私たちがその会社とビジネスを始めるまえに,その会社の財政状況について考えていきましょう。

> ＊— find out は「(隠された,または知られていないこと,真相)を知る,調べる」という意味。

> Let us find out about the financial situation of the company before we dive into business with them.

> Let's find out more about the company before we dive into business with them. I think we should especially find out about how the company is financially doing.

〜したほうがいい

社員教育にもっと力を注いだほうがいいと思います。
> We should strengthen the educational and training program for our staff.

〜への支援をお願いします

温かい経済的支援をお願いします。

> ＊ — would を挿入することで，We appreciate や We want to と言うより丁寧な依頼になります。
>
> We would appreciate your kind financial support.
>
> We would like to ask for your financial support.

新しい研究施設の設立のためにみなさまから経済的なご支援をいただけますよう，よろしくお願い申しあげます。

> We would like your financial support to build a new research center.

2 — 主張をまとめる　　　　　　　　　　　　　　　CD21

イントロダクションとコンクルージョンとの主張・視点・論点の一致は，不可欠です。かならず，論点に矛盾がないかを確認しておきましょう。

　　　　　　　＊　　　　　＊　　　　　＊

〜の要点をまとめてみよう

ここで，これまでお話ししてきたことの要点をまとめてみましょう。

> Now, let us summarize the main points.

〜をまとめると

このV-3型の基本的な特徴をまとめますと，これこそ新しい時代の通信機器だといえるでしょう。

> In summarizing the basic features of the V-3 model, it can be said that this is the telecommunication device of the future.

要約すると〜

要約すると，21世紀に適応するために御社社員はより高いIT技術を身につけなければならないということです。

> In summary, in order to adapt to the 21st century, your employees need to acquire more advanced IT skills.
>
> ＊ —「まとめますと」いう意味合いとしても In summary, ... を使うことができま

す。
この報告書を要約すれば，つぎのようになります。
　＊—「要約する」は下記の文例のほかにも，sum up があります。
　The report can be summarized in the following way.
　I can summarize the report in the following way.

〜という結論に達する
合弁が必要であるという結論に達しました。
　We have come to the conclusion that the joint venture is necessary.

〜と結論づけられる
じゅうぶんな効果を上げるには，プランAの採用が必須だと結論づけられます。
　In conclusion, it is essential to adopt plan A to achieve a substantial effect.

〜と結論づけるのが妥当である
したがって，この新薬が有効に作用したと結論づけるのが妥当のように思われます。
　Therefore, it is reasonable to conclude that the new drug was effective.

結論として
結論として，いくつか述べたいと思います。
　In conclusion, I would like to say a few things.

全会一致で〜する
全会一致でロビンソン氏の新しい提案を実行することになりました。
　We have come to a unanimous decision to carry out Mr. Robinson's new plan.

〜と決まる
つぎのような協議事項に決まりました。第一が〜，第二が〜です。
　We have come up with the following agenda. The first is ... , the

second is ... .

～を改善する

改善点の一つは，わが社の新製品の品質管理システムを改善することです。

> One area that our company needs to improve is the quality control system of new products.
>
> Among other things, our quality control system for new products needs to be improved.
>
> * — among other things で，ほかにもある改善点のうちの一つであることを示しています。

この結果は～である

この結果に興味をもたれるかもしれません。

> The results may interest you.
>
> * — in terms of ... と，どういった点で興味深いのかを付け加えると，より印象に残るでしょう。
>
> I think these results will be interesting.

結論をだすまえに～する

結論をだすまえに研究の結果を再検討するべきです。

> We should review the results of the research before coming to a conclusion.

3 — 再確認する　(CD22)

聴衆の記憶に残るのは多くとも七つの論点といわれます。論点に優先順位をつけ，もっとも伝えたい論点を3点から4点程度にまとめておきます。聞き手がプレゼンテーションのはじめに示した視点や論点を理解していない場合や，完璧に覚えていない場合がありますので，最後に，これらの重要なポイントを再確認しておきましょう。

　　　　　　　　＊　　　　　＊　　　　　＊

最後に～を繰り返す
最後に，はじめに申しあげた点を繰り返します。
> In conclusion, I would like to reiterate the point I made at the beginning.

最後にもう一度～にふれる
最後にもう一度この問題にふれておきましょう。
> Finally, I would like to touch upon this issue once again.

第一に～，第二に～
最後に再度，次のようなポイントを強調しておきたいと思います。第一に～，第二に～です。
> In closing, I would like to emphasize the following points once again. First ... Second ... .

～を確認する
この講習会はすべての社員に必要だということを確認しておきたいと思います。
> I would like to emphasize that this training session is necessary for all employees.

～を思い出してほしい
このプレゼンテーショのはじめに申しあげましたことを再度，思い出していただきたいと思います。
> I hope you will now recall what I said in the beginning of this presentation.

～を再度，確かめる
本日，何を学んだのかを再度，確かめましょう。
> Let us review what we studied today.
>
> Let us go over what we discussed today.
>
> *— over には「繰り返して」という意味があり，go over で「見なおす」「復習する」を意味します。

〜がわかったことと思う

この製品がいかに優れているかが，おわかりいただけたことと思います。
> I truly hope we have been able to convince you in the excellence of this product.

4 ― 展望を述べる　　　　　　　　　　　　　　　　CD23

プレゼンテーションを終えるまえに，将来の展望を伝えておくと，今後のビジネス・チャンスを手にすることができます。いつも，少しさきを見据えておくことが成功の秘訣です。

　　　　　　　　＊　　　　　　＊　　　　　　＊

さらに〜することが〜するだろう

この件をさらに研究することが，小型化をいっそう推し進めるでしょう。
> Research relating to this topic will likely further enhance the reduction in size.

> Research relating to this topic will likely further enhance compactness.

継続した〜が〜するだろう

温度との関係を引き続き調査することで，この製品の耐久性はさらに増すでしょう。
> The durability of this product can be further improved by continuing research on the relationship of the product to different temperatures.

今後の方向は〜である

この研究の今後の方向は，この成果を実用化に役立てることです。
> This research will work towards utilizing these outcomes to achieve practical applications.

〜を変えることになるだろう

この商品は，化学繊維に対する人びとの考えを一変させることになるでしょう。

| This product will dramatically change the way people think about synthetic fibers.

今後は〜が必要となるだろう

今後は，より綿密な打ち合わせが必要となるでしょう。
| In the future, it will be necessary to discuss in greater detail.

今後は品質を安定させるために，より柔軟なアプローチが必要となるでしょう。
| In the future, we need a more flexible approach to stabilize quality.

〜の余地がある

納品時期に関しては，再考の余地があります。
| There is room to reconsider the timing of delivery.

さらに〜することが必要である

大量生産に踏み切るには，さらに調査することが必要です。
| Further inquiry is needed before a decision to mass-produce is made.

さらに〜すべきこととして残っている

運送上の問題が，さらに検討すべきこととして残っています。
| The issues relating to transport must still be further discussed.

この段階で発生するロスをいかに減らすかということが，さらに改善すべきこととして残っています。
| Reducing losses that emerge at this phase remains a task for further improvement.

補章
挨拶・自己紹介を行なう

―――― オープニングとクロージング ――――　　CD24

　ここで紹介するフレーズは，プレゼンテーションの席に限らず，いかなるオープニングやクロージングの席でも応用可能なものばかりです。一言一句，直訳をして覚える必要はありません。全体の意味を把握しておくことがたいせつです。

❶――はじめの挨拶を行なう

　心のこもった挨拶は，大変気持ちのいいものです。英語での挨拶は，少しオーバーに感じることもあるでしょうが，文化的バックグラウンドを加味したうえで，心をこめて挨拶をする習慣をつけてみましょう。

　　　　　　＊　　　　　　＊　　　　　　＊

この機会が得られたことは喜びです

　この機会が与えられたことは最大の喜びです。

　　| It is a great honor to be given this opportunity to present here.

お会いできて幸いです

　みなさまとお会いできてとてもしあわせです。

　　| I am very happy to see all of you.

～についてお話しできて光栄です

　わが社のビジョンについてお話しすることができ光栄です。

　　| I am pleased to inform you about our company's vision.
　　| I am very pleased to speak to you about the future of our
　　| company.

　弊社の新製品についてお話しすることができて，非常にうれしく思っています。

| It is a great pleasure to inform you about our new product.
| It is a great pleasure to present to you our new product.

私が長年計画してきた新サービスについて発表できることは，とてもしあわせなことです。

　| I am delighted to finally present our new service.

　　＊―finally を入れることによって，長期にわたって力を入れてきたことが表現されます。

お忙しいところ，ありがとうございます

本日はお忙しいところ，ここにお集まりいただきありがとうございます。
　| We would like to thank you for your time today.

では始めましょう

それでは始めましょうか。
　　| ＊―let's を使用すると，より自然に聞こえます。
　| Let us begin.
　| Now let's begin.

❷―自己紹介を行なう　　　　　　　　　　　　CD25

はじめて出会う聴衆のまえでプレゼンテーションをする際は，相手に自分や自分の組織について知ってもらわなければなりません。聴く側の興味に応じて，簡単なプロフィールを用意しておきましょう。

　　　　　＊　　　　　＊　　　　　＊

紹介させてください

自己紹介をさせてください。
　| Please let me introduce myself.

当社の紹介をさせてください。
　| Please let me introduce our company.
　| Please let me talk about who we are.

私は～と申します

砂田茂と申します。

> My name is Shigeru Sunada.

～と呼んでください

唐沢健一郎と申します。ケンと呼んでください。

> My name is Ken-ichiro Karasawa. Call me Ken for short.
>
> ＊― Call me .... for short はニックネームを紹介するときによく使われます。

私は～（職種）の～と申します

こんにちは。上級プログラマーの愛川守と申します。

> Good afternoon. I am Mamoru Aikawa, senior software programmer.

私は，ロサンゼルスにありますソフト開発部門の主席プログラマー，神田雅子と申します。

> I am Masako Kanda, chief programmer of the software development unit in Los Angeles.

～に所属しています

企画開発本部に所属しております。

> I belong to the planning and development division.

～に従事しています

現在，田中エンタープライズの研究開発部門で長年ソフト設計に従事しております。

> I have been engaged in software planning at the R&D division of Tanaka Enterprises for many years.
>
> ＊― R＆D は，research and development の略です。

～の責任者です

過去三年間，香港支社の責任者でした。

> For the last three years, I have been in charge of the Hong Kong office.
>
> ＊― in charge of ... は「～を担当している」という意味です。

私は～（職種）です

私はファイナンシャル・アナリストです。

> I am a financial analyst.

〜として働いています

1990年より，さまざまな企業でファイナンシャル・アナリストとして働いてまいりました。

> I have been a financial analyst to various companies since 1990.
>
> ＊— since のあとには2002年などのある特定の時期が続き，「2002年以来」という意味になります。

〜を引き継ぎました

新しく部長になりました前川薫です。前部長の坂上啓介さんから当部を引き継いだところです。

> My name is Kaoru Maekawa, the new director. I have just taken over the responsibility of this department from the former director, Mr. Keisuke Sakagami.
>
> ＊— take over A from B は「B（人）から A（職務など）を引き継ぐ」という意味です。英語での場合，あわせて今後の抱負なども言うとよいでしょう。

〜として来ました

私はソフト開発ユニットの代表として来ました。

> I have come here as the representative of the software development unit.

隣にいるのは〜です

主席エンジニアの山下正子と申します。私の隣に立っておりますのは助手の畑中次郎です。

> My name is Masako Yamashita, Chief Engineer. Standing next to me is my assistant, Jiro Hatanaka.

❸——紹介を受けて返礼する　　　CD26

紹介にあずかった場合は，簡単にお礼を述べてからプレゼンテーションにはいるのがよいマナーといえます。

　　　　　　＊　　　　　　＊　　　　　　＊

紹介ありがとうございました

ご紹介ありがとうございました。
| Thank you very much for the introduction.
| I appreciate your kind words.
| ＊—この場合のwordsは「ちょっとした発言や会話」の意味です。exchange a few words with ...（〜と挨拶を交わす）というように使います。

ご紹介ありがとうございました，〜さん

ご紹介いただきありがとうございました，リチャードさん。
| Thank you Richard for the introduction.
ご紹介ありがとうございます，議長。
| Thank you, Mr. Chairman.

〜さん，ご紹介ありがとうございました

大野さん，ご紹介にあずかり大変うれしく思います。
| ＊—下の2例は，まず紹介者に呼びかけてからお礼を言う例です。
| Mr. Ono, I am very flattered by the introduction.
| Mr. Ono, thank you very much for the introduction.

❹—終了の挨拶を行なう　　　　　　　　　CD27

どんなに優れた内容であっても，クロージングがきちんとしていなければ，聴衆を満足させることはできません。いくつかのクロージングの言い回しを，心を込めて言えるようにじゅうぶん練習しておきましょう。

　　　　　　　　＊　　　　　＊　　　　　＊

これで終わります

私の報告はここまでといたします。
| ＊—日本語で言う「ご清聴ありがとうございました」に相当します。
| Thank you for your attention.
| Thank you for listening.
| Thank you.

もう一度〜して，私の話を終えます

新製品の長所のいくつかをもう一度確認しながら，私のスピーチを終えたいと思います。

> *―続けて Our product is inexpensive and durable. などと長所をもう一度，具体的に言うとよいでしょう。
>
> In conclusion, I want to review several strengths of the new product.
>
> In closing, I would like to emphasize that the new product has several strong points.
>
> Finally, I would like to restate several strengths of the new product.

〜について話しました

当社の新製品についてお話ししてまいりました。

> I hope you have learned more about our latest products.

〜の時間がなかったことをお詫びします

本日は，深く立ち入ってお話しする時間がなかったことをお詫びいたします。

> I would like to apologize that we did not have the time to go into much detail today.

まことに残念なことに，すべてのスライドをお見せする時間がございませんでした。

> Unfortunately, I did not have enough time to show you all the slides.

〜の一助になればと思います

日本の貿易新法についてのこのプレゼンテーションが，この国でのビジネス・ストラテジーの一助となればと思います。

> *―「〜の一助になる」は，「help＋(to) 動詞の原形」あるいは，「contribute to＋名詞／動名詞」です。contribute to のあとはかならず名詞がくることに気をつけましょう。

| I hope this presentation about Japan's new trade law helps to develop business strategy in this country.
| I hope this presentation about Japan's new trade law contributes to developing business strategy in this country.

～していきたいと思います
目標に向かって努力していきたいと思っております。
| I would like to continue working towards our goal.
売上の倍増の目標に向かって努力していきたいと思っております。
| I would like to work towards our goal of doubling our sales.

何か質問がありましたら
新規事業計画について簡単にお話ししてまいりました。ご質問がございましたら，どうぞご遠慮なくお尋ねください。
| ＊―質疑応答の席で使用できる便利な言い回しです。
| I have briefly outlined our new business plan. If you have any questions, please feel free to ask.
| I have quickly laid out our new business plan. If you have any questions, please feel free to ask.

～いただき，ありがとうございました
ご出席いただき，ありがとうございました。
| Thank you for your attendance.
| We appreciate your coming today.
ご協力いただき，ありがとうございました。
| We appreciate your time and attention.
| Thank you for your cooperation.

～のみなさまにお礼申しあげます
会議主催者のかたがたに厚くお礼を申しあげます。
| I express my sincere gratitude to the conference organizers.
| ＊―gratitude は「感謝の気持ち」。
| I would like to thank the conference organizers.

本日，出席してくださったみなさまに感謝いたします。
> I would like to thank each and every one of you for coming today.

❺──今後の予定や希望を述べる　　　　　　　　　　　　CD28

　一つのプレゼンテーションが終わる瞬間は，新たな計画を紹介する絶好のチャンスです。「聴衆の要望に今後も応えていきたい」という姿勢を言葉で伝えておきましょう。

＊　　　　　＊　　　　　＊

〜にご連絡ください

何か質問がございましたら，どうぞご遠慮なく私にご連絡ください。
> Please do not hesitate to contact me if you have any questions.
> ＊──contact me は方法を問わず「連絡をください」という意味です。この部分にcall me（お電話ください）や，e-mail me（メールを書いてください）を挿入し，具体的な連絡方法を告げることができます。

> Please feel free to get in touch with me if you have any questions.

〜の詳細に関心のあるかたは

私たちのサービスについて詳細をお知りになりたいかたは受付にお尋ねください。
> Please ask our reception desk if you would like to learn more about our services.

詳しい情報に興味のあるかたは，どうぞお知らせください。
> Please let me know if any of you are interested in further information.

メールを送ってください

貴重なご意見，ご提案をいつでもお待ちしております。プリントにあります電子メール・アドレスにお送りください。
> Your valuable comments and suggestions are always welcome.

> Please send them to the e-mail address that is printed in the handout.

ホームページをご覧ください

この製品についてもっと詳しくお知りになりたいのであれば，わが社のホームページをご覧ください。

> If you wish to learn more about the product, please visit our homepage.
>
> ＊─あわせて，ホームページの URL（www.＿＿＿＿.com）を教えるのもいいでしょう。

〜する予定です

本年，より詳しい報告書を発表する予定です。

> We are planning to publish a more detailed report this year.

次回は〜します

次回の発表会では，詳細に結果をご報告いたします。

> In my next presentation, I am going to report on the results in greater detail.

〜に参加してください

私たちの研究に興味がおありでしたら，ぜひ参加していただけますようお待ちしております。

> ＊─下例の interested は直前の partners/anyone にかかります。「研究に参加することに興味のあるパートナーを探している」という表現で参加者を募っているわけです。
>
> We are currently seeking partners interested in joining our research project.
>
> We eagerly await anyone interested in joining our research endeavors.

◆挨拶のサンプル文例 (CD29)

オープニング

みなさま，おはようございます。まずはじめに，本日はおいでくださいましてありがとうございます。私は，これから弊社の最新製品のいくつかをご紹介いたします前川亮一と申します。何かご質問があれば，いつでもご自由におっしゃってください。

それではまず，15年以上もまえ，これらの製品がどのように生まれたのかについてご説明してまいりたいと思います。

> Good morning ladies and gentlemen. First of all, I would like to thank you all for coming today. My name is Ryoichi Maekawa and I will be presenting you with our latest model of products. If you have any questions, please feel free to ask me, anytime.
> Now, I would like to begin by explaining how these products were first created more than 15 years ago.

クロージング

最後に，弊社の製品の特徴を三つ申しあげておきます。その特徴とは，コスト効率のよさ，耐久性，そしてその多様性であります。来月には自信をもってこの新製品を発売したいと思っております。本日はお忙しいなか，おいでくださいましてありがとうございました。みなさま，お疲れさまでした。

> In closing, I would like to emphasize the three strengths of our product. They are cost efficiency, durability, and variety. I foresee a truly successful market launch of this product next month. We appreciate your time and attention today. Thank you very much.

Tea time ❸

プレゼンテーション成功の鍵

　私が，アメリカの大学院（カリフォルニア大学バークレー校数学科大学院）の卒業試験を受けたときのことをお話ししましょう。この試験は，あるテーマについての研究発表を2名の教授の前で口頭発表を行なったのちに教授たちの質問に答える，というものでした。もう30年くらいまえのできごとですが，ビジネスでいえばプレゼンテーションののちにQ&Aを行なうようなものですから，私のこの学生時代の体験談はみなさんにもお役に立つのではないかと思います。

◆戦略を練る

　まず，教授陣ですが，私のいた大学院はレベルの高さは世界有数だといわれていましたので，ノーベル賞クラス（数学の分野ではフィールズ賞）の教授陣がひしめき合っていました。世界有数の頭脳を前にして自分の研究発表をするのですから，普通の大学院の学生はたいていびびってしまいます。この試験にまつわるホラー・ストーリーは試験前にいやになるほど聞かされました。曰く，「誰それは立ち往生してまったく何も喋れなくなった」「誰々は頭が混乱して泣きだしてしまった」等々です。
　アメリカ人でもそうです。ましてや，英語を外国語とする外国人留学生にとっては大変な難行苦行です。母国語ですらも難解な数学を英語でやるのですから，そのハンディたるや，洋服を着たまま競泳をやるようなものです。
　私は，さいわいにして大学院の2年間は，TA（＝Teaching Assistant。講義助手）として学部の学生を20人くらいの小クラスで教えていましたので，アメリカ人を前にして数学を教えることには比較的に慣れていました。ただ，今回は相手が違います。学部学生と教授ですから，幕下相手に胸を貸すのと，横綱相手に頭から突っ込んでいくくらいの違いがあります。
　こうしたもろもろの状況に鑑み，私は，さてどうやったらこの難局を乗り越えることができるのかを考えはじめました。そして，一計を案じました。当時はあまり意識をしなかったのですが，ふり返って考えてみると，ビジネ

スでいう，いわゆる戦略を練ることから始めた，というわけでした。

◆本番並みの準備をする

　まず，指導教授の選択です。私は，自分の研究分野と同じ分野で活躍なさっている日本人の教授のところに最初にお邪魔して，研究テーマと試験官について相談しました。この温厚で優秀な教授は，親身になってさまざまなアドバイスをしてくれました。私の頭のなかには，日本人が英語で数学を研究することの大変さ，英語で研究発表をするときの困難さを少しでも理解してくれるかたにまずお話をうかがいたい，という気持ちがあったのです。

　じつはこの教授には，学部の4年生としてはじめて留学してきたときからいろいろお世話になっており，けっしていきなり飛び込みでアドバイスをもらいにいったわけではありません。ここがまずたいせつなところなのですが，人生の重要な局面に立ったとき，どなたかに「力を貸してください」と突然お願いするのは虫がよすぎます。やはり，ふだんから近況を報告しておくなりして，ある程度のコンタクトを保っておくことが重要だと思います。結局，この日本人教授にテーマをいただき，試験官にもなっていただくことにしました。そして，もう一人のアメリカ人教授の推薦もいただきました。

　さて，いよいよ準備です。テーマと試験官の選択に万全を期したあとは，その準備です。これには，たっぷりと時間をかけました。関連する研究論文を図書館で徹底的に調べ上げ，必要な個所はコピーを取ったり書き写したりしました。そして，発表の原稿は何度も書き直しました。何度も何度も書き直して，これ以上は直しようがないくらいに完璧なものに仕上げました。

　しかし，これでおしまいではありません。口頭で発表するのですから，書きながら何度も声をだして練習しました。こうすることによって，内容と話し方がしっかりと身についたと思います。また，実践的な練習として，実際に黒板の前に立ってみて，チョークを使いながら発表の練習もしました。本番並みの準備をする，これがたいせつです。

◆準備どおりに本番をこなす

　午後からの試験でしたが，当日の午前中にはアパートの自室で最後の練習

をしました。もうさんざん準備をしたのだから当日はリラックスした気分で本番にのぞみたい，という気持ちもわからないではないのですが，私は，最後の最後まで念には念を入れました。最後まで気を抜かずに本番直前の総仕上げをすることは非常に重要だと思います。こうすることで，思わぬミスや，記憶がぽっかり抜けてしまうような事態を避けることができます。

　さて，ついに本番のときを迎えました。二人の教授が待つ部屋に入っていきます。やることはやったという自信からか，不思議に落ち着いていました。チョークで黒板に数式を書いていくことは，学部学生の指導で慣れています。おもむろに，何十回と書いた数式を書いていきます。練習のときにさんざんやった息継ぎの仕方，少し考えるふりをするところまでシナリオどおりです。

　時間の配分も準備したとおりです。あまり発表を急ぎすぎると，時間が大幅に余ってしまいます。呼吸も乱れます。したがって，発表はゆっくりとていねいに，最後に質問の時間が少しだけ残るように時間配分をしました。あまり時間が余りすぎると，思わぬ難題やメイン・テーマからはずれた応用問題が出されて立ち往生してしまいかねないリスクを最小限にするためです。

　さあ，無事発表を終えました。残された時間配分は，リハーサルと1分と違っていません。つぎは質問を受ける番です。ほとんどはすらすらと答えられましたが，最後に難題が出されました。ただ，この質問は，私が準備をする過程で非常に困難な個所だと指摘されていた個所なので，事前にだいたいの答えを考えておきましたから，無事に切り抜けることができました。

　講評で，アメリカ人の教授からは「まったく申しぶんがなく，何も言うことがない」というコメントをいただきました。ご指導をいただいた日本人教授も大いに満足げにうなずいてくれていました。私は，「やったぞー」と，その場で大声を上げて飛び上がりたい気持ちでした。

　その後，私は数学の研究職ではなくビジネスマンとしてビジネスのキャリアを歩むことになりましたが，このときの経験は，プレゼンテーションにおける準備のたいせつさを教えてくれた，私の人生におけるエポック・メーキングなできごとだったな，といまだに鮮明な記憶として残っています。

　成功の鍵をひとことで言えば，「準備どおりに本番をこなす」です。

第2部

インタラクティブな表現

質疑応答

Part Two : Negotiation, Discussion and Exchanging Questions and Answers

第2部の英文例はすべてCDに収録してあります。頭出し番号は CD30 から CD49 までです。

第2部　インタラクティブな表現

第1章
質問する／答える

――説得的な展開――　　CD30

　質疑応答の席では，質問の内容を簡単にまとめ，1回の機会に質問は一つにとどめるのがマナーです。また，質問の席で自分の意見や主張，解説を述べることは極力，控えるようにしましょう。

1―質問を始める

　なんの前置きもなく質問に入るのでは，相手も戸惑ってしまいます。まず，質問があり，それに対する回答が欲しいという気持ちを伝えてから，具体的な質問の内容に移りましょう。

　　　　　　＊　　　　　　＊　　　　　　＊

質問があります
　あなたの発表に関していくつか質問があります。
　| May I ask you a few questions about your presentation?

質問していいですか
　一つ質問してよろしいでしょうか。
　| May I ask you a question?
　　＊― May I ask you a question about... と，続けて質問内容を告げる場合もあります。

〜について質問したい
　「遠隔教育」に関するスライドについて質問したいと思います。
　| I'd like to ask you about the slide on "Distance Education".

〜に関する質問
あなたのご説明から「バリュー・チェーン・マネジメント」に関する質問が浮かんでまいりました。
| Your explanation brings up a question about "Value Chain Management".

二，三お尋ねしたい
御社の営業方針について二，三お尋ねしたいことがあります。
| I would like to ask you a few things about your company's business policies.

2—考えを尋ねる　　　　　　　　　　　　　　　　　　CD31

相手の貴重な意見を聞きだすことがビジネスの成功への鍵となります。「相手の考えを聞きだす」ということは，「自分の意見を主張する」のと同じくらいたいせつなコミュニケーション・スキルです。

　　　　　　＊　　　　　　＊　　　　　　＊

〜についてどう思いますか
最新の調査データについてどう思われますか。
| What do you think about the latest data from the research?
ランニング・コストがかかりすぎるように思えますが，どうですか。
| I think the running costs are too expensive. What do you think?
| I think the running costs are too high. What are your thoughts?

〜に関する意見は？
「企業業績測定」に関するあなたの意見はどうでしょうか。
| What do you think about "Measuring Corporate Performance"?
| What is your opinion on "Measuring Corporate Performance"?

〜について話してください
この業界の現状をどう見ておられるか，少し話していただけませんか。
| Could you tell me about how you see the current state of this industry?

～についての考えを聞かせてください
中高年者のリストラについて，あなたの考えを聞かせてください。
| Can I have your opinion on the issue of older employees losing their jobs due to corporate restructuring?

～としての意見を聞かせてください
この企画の立案者としてのあなたの意見を聞かせてください。
| As the author of this plan would you give us your opinion?
| As the author of this plan what do you think about this?

～について何かコメントがありますか
最近の消費者動向に関して何かコメントがありますか。
| Do you have any comments concerning recent consumer trends?

3 ― 理由や目的，方法などを尋ねる

質問のしかたには，「イエス」「ノー」で答えられるもののほかに，How? や Why? を使って，相手の考えをよりいっそう掘り下げながら質問していく方法もあります。相手の思考を促進させたい場合は，この Why/How 型の質問形態を用いましょう。

＊　　　　＊　　　　＊

なぜ～なのですか
どうして，そう判断したのですか。
| Why did you interpret it that way?
| Is there a reason why you interpreted it that way?
なぜ1工程ふやすのですか。
| Is there a reason why another process is going to be added?

なぜ～ではないのですか
なぜ，そうした事態が事前に予測できなかったのですか。
| Is there a reason why we could not anticipate such a situation?
なぜ，従来の部品が使えないのですか。

*—existing parts は「在来型・今までのパーツ」として，conventional parts は「従来型・旧来型のパーツ」として，使い分けましょう。
　| Is there a reason why we cannot use the existing parts?
　| Is there a reason why we cannot use conventional parts?

〜の理由は何ですか

その理由は何ですか。
　| Can you give me a reason?
　| What are the reasons?

〜の目的は何ですか

このプロジェクトの目的は何ですか。
　| What are the goals of this project?

どのように〜するのですか

この装置はどのように使うのですか。
　| How do you operate this device?

〜の方法を教えていただけませんか

この資料の見方を教えていただけませんか。
　| How do I look at these handouts?
この資料を見る場合，特別な見方や順番などがありますか。
　| Is there any particular way or order in how I should look at these handouts?

どう〜するのですか

競合品との差別化はどう図っているのですか。
　| How are you differentiating your products from competing products?

4—答えを始める　　　　　　　　　　　　　　　　　CD33

　テーマに沿った的確な質問は発表者にとっても大変ありがたいものです。よい質問に対しては，This is a good question!「大変よい質問です」といったように，相手の質問の内容を賞賛しましょう。

　　　　　　　＊　　　　　＊　　　　　＊

〜にお答えします

ご質問にお答えしたいと思います。
> I would like to answer your question.
> ＊─ I would like to answer your question on .... と，質問の内容を繰り返して答えることもできます。

〜についてご質問いただきありがとうございます

その重要な点をご質問いただきありがとうございました。
> Thank you for raising the important point.
> ＊─ raise は，ここでは「提起する」「話題にする」の意味。
> Thank you for asking the important question.

よい質問です

なかなかよいご質問です。
> That is a good question.

〜としてお答えします

チームの代表としてお答えします。
> I'd be happy to answer on behalf of our team.
> ＊─ I'd be は I would be の略です。
> On behalf of the team, I would like to answer the question.

答えは〜ということです

あなたの質問に対する答えは，いま起きている問題はすべて予測ずみのことで，近い将来，解決できるということです。
> The answer to your question is that we have anticipated these current problems and expect to resolve them soon.

私の答えはイエスです。
> My answer would be a "yes" to your question.

あなたの質問への答えとしては

さて，あなたの質問へのお答えとしては，関係省庁の認可はすでに得ている旨，申しあげておきます。

> As an answer to your question, I would like to say that we have already gained authorization from the ministries and agencies concerned.

〜とお尋ねになるなら，〜と言いましょう

わが社のような小さな会社にできるのかとお尋ねになるなら，われわれには50年のあいだに培ったノウハウがあると申しあげましょう。

> If you ask if a small company like ours can complete the task, I would have to respond by saying we have fifty years of practical experience and expertise in this field.

簡単に答えられます

その質問には簡単にお答えできます。

> Let me quickly answer your question.
> I can answer that quickly.

質問の意味がわかりません

ご質問の意味がよくわかりませんでした。

> I did not understand your question.

5 ─ 質問を促す　　　　　　　　　　　　　　　CD34

発表時間内に伝えられなかったことを，質疑応答の席で質問者の内容に関連づけて補足説明するのは，プレゼンテーション技術の一つです。質問が出ない場合は，発表者が率先して質問を促すようにしましょう。

* 　　　　* 　　　　*

質問がありましたら〜

ご質問がありましたら，ご遠慮なくどうぞ。

> Please do not hesitate to ask me any questions.
>
> *─hesitate は「ためらう」の意味。do not hesitate to ... で「遠慮なく〜する」。
>
> Please feel free to ask me any questions.

もしご質問がありましたら，お知らせください。

第1章　質問する／答える　97

| Please let me know if you have any questions.

ご意見をお受けします
ご意見をお受けいたします。

＊―プレゼンテーションの内容によっては,「意見」のかわりに advice「助言」や suggestion「提案」を求めてもよいでしょう。

| We welcome ideas from the audience.
| We welcome comments from the audience.

わかりにくいところがありましたら～
わかりにくいところがありましたら、いつでもおっしゃってください。

| If you feel anything is unclear, please don't hesitate to ask.

～をお聞かせください
この時点でお話しになりたいことがありましたら、お聞かせください。

| If you have anything to add at this moment, please share it with us.

＊― please share は、考えやアイディアを「共有」させてください、という意味です。

意見はありませんか
どなたか、ご意見はありませんか。

＊― Do you の代わりに、Does anyone や Does anybody を使うと、「誰か」「誰でも」といった呼びかけの意味になります。

| Does anyone have something to say?
| Does anybody have something to add?
| Please feel free to comment at any time.

～について話し合いましょう
あなたが問題だと思っておられる個所について喜んで積極的な話し合いをします。

| We are willing to actively discuss the areas which you find are problematic.
| Let us openly discuss the problematic areas.

第2部　インタラクティブな表現

第2章
聞きなおす／言いなおす

——相互理解の確認—— CD35

　発表の席で，誤った情報を訂正せずにそのままにしておくのは，大変危険です。聞きなおすことも言いなおすことも，けっして恥ずかしいことではありません。語る側と聞く側とが相互に理解し合っているかを確かめながら話を進めていくように心がけましょう。

1——繰り返しを頼む

　内容が理解できなかったときや，発音が聞き取れなかったときは，もう一度，言いなおしてもらいましょう。また，相手が使った単語の意味がわからない場合は，言い換えを頼むか，用語の説明をしてもらうようにしましょう。

＊　　　　　＊　　　　　＊

〜をもう一度，言ってください
　もう一度，言っていただけますか。

> ＊— please を使うとより丁寧な言い回しになります。文末に入れるか，文中の場合は動詞のまえに入れます。

　| Would you please say it again?
　| Could you please say it again?
　| Would you please repeat it?
　| Could you repeat it?

　再度，その部分を言っていただけますか。
　| Would you mind repeating that part please?

最後の部分を繰り返してください
もう一度，最後の点をおっしゃっていただけますか。
> *―こう頼まれたら，Yes, ... で受けて繰り返します。これに対して質問者は Thank you と返事を返すのが正しいマナーです。

| Could you please repeat that last point?
| Would you repeat that last point please?

～についてもう一度，説明してください
「流通方法」に関して再度ご説明いただけますか。

| Could you explain the "distribution process" again?

～のポイントをもう一度，説明してください
「流通方法」のポイントを再度ご説明してくださいますか。

| Could you explain the most important aspects of the "distribution process" again?

大きな声で言ってください
もう少し大きな声で話していただけますか？

> *―Would you は相手に行為を促すときに使います。Could you は相手が自分で選択できる余地を与え，より和らいだ表現です。

| Would you speak a little louder?
| Could you speak a little louder?

はっきり（明確に）言ってください
安全対策についてもう少しはっきり話してくださいませんか。

| Could you further elaborate on the measures for safety?

～が聞き取れませんでした
申しわけありませんが，あなたのおっしゃったことを聞き取れませんでした。

| I am sorry but I did not hear what you have said.

外がうるさくて，最初のほうが聞き取れませんでした。

| I was unable to catch the beginning due to the noise from outside.

2―話の意図を確認（整理）する　　　CD36

　話の意図を理解せぬまま討議を進めることはできるだけ避けましょう。理解できなかった箇所を説明してもらうのは，けっして恥ずかしいことではありません。たいせつなのは，何ごとも丁寧にお願いするという姿勢です。

＊　　　　　＊　　　　　＊

あなたの言ったことが理解できません

　申しわけありませんが，あなたのおっしゃったことを理解できませんでした。

> I am sorry, but I did not understand what you said.
> I did not understand what you said.

　あなたの質問をもう一度説明してくれますか？

> Could you please explain your question once again?

～の意味が理解できません

　「アジアに関するビジネス」について理解できませんでした。もう一度おっしゃってください。

> I didn't quite understand what "business concerns in Asia" meant. Could you explain what you mean?
> What do you mean by "business concerns in Asia"? Could you explain what you mean?

　＊―mean A by B は「B によって A を意味する」「B を A の意味で言う」。

～の要点が理解できません

　あなたがおっしゃっていることの要点がわかりません。

> I don't understand your main point.
> I can't figure out what your main point is.

～とはどういう意味ですか

　「ブランド・マネージメント」とはどういう意味でしょうか。

> Will you explain to me what you mean by "Brand Management"?
> Would you clarify what you mean by "Brand Management"?

> * — clarify は，ここでは「はっきりと説明する」の意味。
>
> What does "Brand Management" mean?

それはどういうことですか

それはどういうことでしょうか。

> What did you mean by that?

あなたは〜と言っているのですか

新しいプロジェクトに御社とともに参加する必要があるとおっしゃっているのですか。

> Are you saying that we need to join the new project with you?

あなたのおっしゃるのは，今年中に新製品をもう一つ加えたいということでしょうか。

> Are you saying that you want to add a new product this year?
>
> Do you mean that you want to add a new product this year?

〜ということですか

従来の商品はもう製造を中止するということでしょうか。

> Would I be correct in saying we are going to stop production of the existing products?

そうすると，現時点では工場再開の見通しはまったくたっていないということですか。

> Therefore, are you saying that you have no idea when the factory is going to resume operations at this point?

（遠まわしに）〜と言っているのですか

弊社の商品が高すぎるとおっしゃっているのですか。

> * — think や try to tell, in fact を使うことで，たんに Are you saying that ... ? や Do you mean that ... ? と言ったときに比べて，相手の発言が遠まわしだという意味合いを込められます。
>
> Do you think that our merchandise is too expensive?
>
> Are you trying to tell us that our merchandise is too expensive?
>
> Are you in fact saying that our merchandise is too expensive?

～を明確にする必要があります

あなたのおっしゃったいくつかの点を明確にする必要があります。
| I need to clarify a few things in your remarks.

＊― Please clarify what you meant by ... ? あるいは Did you mean ... by saying ... ? などと具体的に質問をすると，聞き手にもわかりやすくなるでしょう。

～を確認させてください

あなたの考えを正しく理解しているかどうか確認させてください。
| Let me make sure if I understand you correctly.

3―言いなおす　　　　　　　　　　　　　　CD37

相手がじゅうぶんに理解できなかった，あるいは誤解していると思われる場合は，早急に誤解を取り除く必要があります。相手のもっているボキャブラリーで言い換えると，理解が深まります。

　　　　　　　　＊　　　　　＊　　　　　＊

～を言いなおす

もう一度，言いなおさせてください。
| Let me try to say that again.

それでは，それを言い換えてみましょう。
| Let me put it this way then.

この資料は専門用語で書いてありますので，やさしく言いなおしてみましょう。
| The document is written in technical language, so let me try to
| reword it by using easier words.

言い換えれば～ということです

言い換えれば，私たちは社員を教育するのにもっとお金をかけるべきだということです。
| In other words, we should spend more money to train our
| employees.

＊— In other words はこの場合、「つまり」という意味合いで使われています。

言い換えれば、売上が10％アップすれば採算が取れるということですか。
> So in other words, are you saying it will become profitable if sales increase by 10 percent ?

つぎのように言ってみましょう。すなわち

私はこのように表現しましょう。いましかありません！
> I'll put it this way; it's now or never!

逆の言い方をすれば

逆の言い方をすれば、いま着手すれば確実に効果が見込めるということがおわかりでしょう。
> If you look at it the other way, you will see that immediately starting this will mean we can calculate on reliable outcomes.

私が言おうとしているのは

ここで申しあげようとしていることは、私たちはただちに新しいプロジェクトを始めるべきだということです。
> What I'm trying to say here is that we should start the new project immediately.

＊— I'm は I am を簡略化した形です。

これは～ということを意味します

これは、コストが従来の半分ですむということを意味します。
> This means costs will be cut in half.
> This will mean costs will be half of what they have been.

第2部　インタラクティブな表現

第3章
賛成する／反対する

——率直な立場表明——　　　　　　　　　　　CD38

　欧米人をまえにしたプレゼンテーションの席では，主張を曖昧にしておくことはあまり好まれません。相手の意見に賛成であれ反対であれ，誤解のないように自分の正直な気持ちを伝えておくことがたいせつです。

1―賛成（肯定）する

　軽く賛成するのと，強く賛成するのとでは，それぞれの言い方が異なります。同意の度合いに応じて，いくつかの文例を覚えておきましょう。

＊　　　　＊　　　　＊

～に賛成です

あなたの意見にまったく賛成です。
| I am in total agreement.
| I totally agree with you.

～を支持します

いま出された提案を全面的に支持します。
| I fully support this proposal.

まさしくそのとおりです

非常によい点ですね。（大変よい点に気づきました。／そのとおりです。）
| That's a very good point.
| Great point!
| Yes, that's a great point.
| Yes, I totally agree.

| Excellent point!
| You just made an excellent point about ... .

～は，まさしく私が考えていたことです
その指摘は，まさしく私が考えていたことと同じです。
| I was thinking the same thing as your remarks.
| I was just about to say the same thing.

～と同じ意見です
彼とまったく同じ意見です。
| I completely agree with him.
| I totally agree with his opinion.

同感です
私も同感です。
| I totally agree.

～は正しいと思います
あなたの解釈はまったく正しいと思います。
| I totally agree with your interpretation.

～はよく理解できます
あなたがおっしゃることは大変よく理解できます。
| Your point is very clear to me.

～に反対する理由がありません
いまの提案にはなんら反対する理由がありません。
| I find there is no reason to object to this plan.
| There is no reason to disagree with this proposal.

～には誰も反対できないでしょう
実績があるので，あなたには誰も反対できないでしょう。
| No one should object to you because of your credentials.
彼の意見には誰も反対できないと思います。
| I believe no one will object to his remarks.

2―反対（否定）する

相手の意見に同意できない場合は，相手のある視点に対してのみ同意しないわけですから，「あなたに同意できない」ではなく，「この視点に同意できない」といったように具体的なポイントを示して意見を述べるようにしましょう。

*　　　　　*　　　　　*

〜には反対です

彼の意見には反対です。
| I disagree with his opinion.

〜にはまったく賛成できません

残念ながら，このプランにはまったく賛成できません。
| To my disappointment, I totally disagree with this plan.

〜には賛成しかねます

あなたの意見には賛成しかねます。
| I'm afraid that I cannot agree with your opinion.
　＊―これは遠慮がちな表現です。because... と，理由を付け加えて表現するとよいでしょう。

あなたの提案に賛同することはむずかしいです。
| It is difficult to approve of your plan.
　＊― approve of の of は，あってもなくてもかまいません。
| We can't approve your plan because ... .

〜はいい考えだとは思いません

それはいい考えだとは思いません。
| I don't think that is a good idea.

〜に反対せざるをえません

その方針に反対せざるをえません。
| I will have to object to that policy.

〜に同意できません

残念ながら，その提案には同意できません。
> I'm afraid that I cannot agree with the proposal.

〜に異議を唱えます

この案に対して，提案されて以来，私は異議を唱えてまいりました。
> I have objected to this idea since it was first proposed.

この提案がこの会において認められようとしています。しかし，私は異議を唱えたいと思います。

> ＊―いずれも，理由なども付け加えて意見を述べることが望ましいでしょう。
> I realize this proposal is about to be approved during this meeting. However, I would like to argue against it.
> I realize this proposal is about to be approved in this meeting. However, I would like to question it.

納得できません

申しわけありませんが，あなたの判断には納得できません。
> I'm afraid that I cannot agree with your decision.

理解しかねます

どうしてこの方法をとるのか理解しかねます。
> It is very hard to understand why this method is going to be used.

〜を受け入れることはできません

この条件では，御社の提案を受け入れることはとうていできません。
> Under these conditions, there is no way we can accept your company's proposal.
>
> ＊―これはかなり強い反対の表明です。もう少し柔らかく言うなら，Under these conditions, we will not be able to accept your company's proposal. となります。

私は違う見方をします

この分野の将来性についてあなたは少々，否定的におっしゃいましたが，

私は違う見方をしています。
> You seem to have a slightly skeptical view on the future of this field. However, I see it in a different way.

3—部分的に賛成（肯定）する　　　CD40

部分肯定は，日本での会議の席でよく用いられます。賛成や反対といった結論を回避する場合によく用いられる手法です。

＊　　　　＊　　　　＊

〜に完全に賛成というわけではありません

この結論に完全に賛成というわけではありません。
> I find I cannot fully agree with this decision.
> I don't fully agree with this decision.

〜という点で〜に同意します

もう少しデータが必要だという点で，あなたに同意します。
> I agree with your point that more data is necessary.
> I agree with you in the aspect that more data is necessary.

ある意味では〜を肯定します

ある意味では，あなたの提案はなかなかいいと思います。
> In some ways, I find your proposal appealing.
> Parts of your proposal are interesting.

〜という意味では正しい

実効性という意味では，あなたのおっしゃることは正しいでしょう。
> In terms of effectiveness, what you are saying is true.

〜かもしれません。しかし

たしかにそうかもしれません。しかし，もう一度，試してみてもいいのではないですか。
> Certainly that may be true. However, I think it would be a good idea to try it again.

それはそうですが

それはそうですが，実行に移すには莫大な費用がかかると思います。

> That may be true. However, there will be tremendous costs in order to carry it into effect.

おっしゃるとおりです。しかし

あなたのおっしゃるとおりです。しかし，日本では，その戦略をとるのはむずかしいでしょう。

> I agree with what you say. However, it will be difficult to use that sort of strategy in Japan.

あなたのおっしゃることはよくあたっていますが，いま必要なのは，もっと長期的な展望ではないでしょうか。

> I agree with your remarks. However, isn't what we need right now a long-term outlook?

そうですね。しかし一方では

そうですね。しかし一方では，その製造には新しい機械が必要になります。

> Yes, that may be true. However, new machinery will be necessary to carry out the manufacturing.

おっしゃることはわかりますが

おっしゃることはわかりますが，これ以上，日数をかける余裕はありません。

> I understand what you are saying but we cannot afford to spend any more time on this.

> I understand what you are saying but we cannot afford to lose a minute. Therefore, we can't spend any more time on this.

～の意見は尊重します。しかし

もちろん貴社の方針は尊重します。しかし，当方の事情もご理解ください。

> We respect your company's policies. However, please be

| understanding of our situation.
| We respect your company's policies. However, please be
| understanding of the circumstances.

それも一つの見方でしょうが―――
それも一つの見方でしょうが，まったく逆の解釈もできます。
| That may be one way to look at it. However, it can also be
| interpreted in a completely opposite way.

4―部分的に反対（否定）する　　　　　　　　　　CD41

部分否定の場合，後半の否定部分の意味合いが強くなります。たとえば，「しかし」にあたる but や however を用いる文章では，but/however 以後の文に発表者の強い論点が含まれています。

　　　　　　　＊　　　　　　＊　　　　　　＊

おおむね賛成です。しかし―――
あなたのおっしゃることにおおむねは賛成ですが，販売方法に関しては，再考すべきではないでしょうか。
| Overall, I agree with you. However, I think you should
| reconsider the sales approach.
| I agree with you on the whole, but I also think you should
| reconsider the sales approach.

基本的な点では賛成です。しかし―――
あなたの見解に基本的な点では賛成です。しかし，もっと詳細を詰める必要があると思います。
| I basically agree with you. However, I also think you need to
| work out the details.

原則的には賛成です。しかし―――
あなたのご意見に原則的には賛成です。しかし，実際に現場にいる者として二，三，訂正させていただきたいことがあります。
| Generally, I agree with your opinion. However, as a person who

works in the field, I would like to suggest a few changes.

考え方には賛成です。しかし―

「地球にやさしい」という発想はおおいに買いますが，ちょっと時代のさきを行きすぎていませんか。

> We can certainly appreciate the concept of "being ecologically friendly". However, this idea may be too early for its time.

〜にまったく反対というわけではありません―

現在の方針にまったく反対だというわけではありません。

> It is not that I am completely against the current approach.

〜という点では〜に反対します―

工場の拡張は不要だという点では，私はあなたの見解に反対です。

> I disagree with your opinion that factory expansion is unnecessary.
>
> I disagree with your point that expansion of the factory is unnecessary.

〜という意味では反対せざるをえません―

技術基準はすばらしいと思います。しかし，採算性という意味では，あなたの提案に反対せざるをえません。

> The standard of technology is excellent. However, taking profitability into consideration, I would have to disagree with your proposal.

周到な準備をする

　ハーバード・ビジネス・スクールで私は多くの刺激を受けましたが，なかでもびっくりしたのは，教授たちの準備の周到さです。ほかの本でも紹介したエピソードですが，プレゼンテーションのプロフェッショナルをめざすみなさんにとっても大変重要な要素が含まれていますので，ここでふたたびご紹介しましょう。

　ハーバード・ビジネス・スクールで教鞭を取る若き教師と，その母親の話です。毎晩のように遅くまで準備する息子が，授業を終えて帰ってくると，「きょうは，ひとこと，"Good discussion." とだけ言ってクラスを終えた」と言うので，母親は「そんなたったひとことだけのために10時間も準備の時間をかけているなんて」と，しきりに不思議がったということです。

　ケース・ディスカッションは，教授のリードに従って学生がどんどん発言するというかたちで進められ，教授のまとまったコメントは最後だけという場合も少なくありません。たとえそうであったとしても，教授はまず例外なく，徹底的に事前準備をします。そんな教室のなかの展開は，周到に組み立てられたドラマのストーリー展開を見るようです。

　もうひとつ，私自身の体験談をお話ししましょう。あるとき，授業のあとで教授に質問するために教壇の近くに歩み寄った私は，教授の準備のノートを見てびっくりしてしまいました。教授のノートには，時間の配分が分刻みで書かれていたのです。この教授の授業は，世界のビジネス界を代表する卓越したリーダーについて議論するという非常に人気の高いものでした。教授のほとばしりでる情熱と人がらのすばらしさで，AMP でも人気はトップ・クラスでしたが，そこには緻密に組み立てられたシナリオがあったのです。

　AMP の場合は，通常，同じ授業を2クラスに繰り返すので，時間帯が異なります。教授のノートには，二つの異なった進行予定時間がきっちりと書かれていました。これはあくまで進行時間にフォーカスした一例ではありますが，どんなに優秀で経験豊かな教授でも，周到な準備をしたうえで臨んでいる，というひとつの実例としてご紹介しました。

第2部 インタラクティブな表現

第4章 確認する／保留する

――――建設的な意見交換―――― CD42

論点がかみ合わない会議の席では，長時間にわたって激化した論争が繰り広げられることもあります。このような場合は，落ち着いて論理的に話を続けることがたいせつです。即答を控えたほうがよいと判断したら，回答の明示を避けることも一つの方法です。

1―疑問を表明する

「後日，過去の疑問点を引き合いに出したが，遅すぎた」という話をよく耳にします。相手の言っていることに納得がいかない場合は，できるだけ早い時点で疑問を表明しておきましょう。

*　　　　　*　　　　　*

～には疑問が残ります

この結果には非常に疑問が残ります。

> The results are unclear. I would like to question them.

～は疑わしいと思います

私は，このデータが今回のケースにも適用できるということは疑わしいと思います。

> I find it questionable if we can apply this data to this current case.

～を疑問に思わざるをえません

なぜ，この時期に工場を移転しようとするのか，疑問に思わざるをえません。

> I have to question why the factory has to be moved at a time like this.

～がなぜいけないのですか

従来のシステムがなぜいけないのですか。うまく機能していると思いますが。

> Why is the existing system considered to have problems? In my opinion, the system is functioning well.

～を裏づける証拠は？

何かあなたの考えの裏づけとなる証拠はありますか。

> Do you have any evidence that supports your argument?
> Do you have any evidence to support your claim?

本当に～だと思うのですか

この方法が効果的だと本当にお考えなのですか。

> Do you really consider the method to be effective?

～だとは考えないのですか

いま海外に進出するのはリスクが大きすぎるとは考えないのですか。

> Have you considered that the risk of expanding business overseas may be too great?
> Have you considered that expanding business overseas may be too risky?

～が可能なのでしょうか

全社員にその方針を徹底させることが可能なのでしょうか。

> Is it possible for all the employees to strictly follow this policy?

～を考慮に入れているのでしょうか

この機械を扱うのはかならずしもベテランばかりではないということを，考慮に入れているのでしょうか。

> I am wondering if you have ever taken into consideration the fact that experienced workers are not necessarily the only ones who may operate this machinery.

> Has anyone ever considered that workers with less experience may operate this machinery?

すべてのことを考慮したのでしょうか。
> Has everything been taken into consideration?

実際，～だと思うのですが

実際，御社はまだじゅうぶんに市場調査をしていないのではないかと思うのですが。
> As a matter of fact, I don't think your company has even conducted adequate market research yet.

2—誤りを指摘する　　　　　　　　　　　　　CD43

相手の誤りを指摘するのは，勇気のいることです。しかし，誤りをそのままにしておくことのほうが相手に対しても失礼です。正すべき点を丁寧に正してあげるのがコミュニケーションのマナーです。

　　　　　　＊　　　　　　＊　　　　　　＊

～は間違っています

あなたの解釈は間違っていると思います。
> I believe your interpretation maybe incorrect.
> Your interpretation is invalid.

資料3-Aの数字は間違っています。
> I believe the values on handout 3-A are inaccurate.

～について間違っています

この素材についてのあなたの説明は間違っています。
> The explanation about this material is inaccurate.

間違っているのは～という点です

あなたの説の間違っているところは，マスコミの影響力を過大視している点です。
> Your argument is flawed in the way you exaggerate the influence of the mass media.

そこがあなたの間違っている点です。
> That is the flaw.
> That is inaccurate.

〜は誤解です

それはまったくの誤解です。
> That is a complete misunderstanding.

〜は誤解によるものです

否定的なコメントは誤解によるものです。
> The negative comments are based on misunderstandings.

〜は不適切です

ここでその件を持ち出すのは不適切です。
> That is an inappropriate topic here.

〜は的外れです

その意見（批判）は的外れです。
> Those remarks are irrelevant.
> *― irrelevant to 〜で「〜と無関係」の意味になります。
> Your criticism is misdirected.
> The comments do not relate to the current topic of discussion.

〜は〜と矛盾します

あなたの論点は，まえに言っていたことと矛盾します。
> Your argument is inconsistent with what you said earlier.

こうした説明は妥当に見えますが，さきに述べられた論点とは矛盾しています。
> This explanation looks reasonable, but it contradicts the argument presented earlier.

〜の証拠はありません

この時点では，この主張を支持する信頼性のある証拠はありません。
> At this point, there is no reliable evidence to support the argument.

〜は〜の裏づけにはなりません
この調査だけでは増額が必要だということの裏づけにはなりません。
> This single study alone does not provide enough evidence to prove an increase is necessary.

〜は根拠がありません
その批判にはなんら具体的な根拠がありません
> The criticism is not supported by anything specific.
> The criticism has nothing concrete to back it. Therefore, it is groundless.

〜は現実的ではありません
あなたの案は現実的ではありません。
> Your idea is not practical.
> *─The idea is not practical because .... などと理由を付け加えて説明をするほうが望ましいでしょう。

〜の責任にすべきではありません
副社長がすべての批判を受けるべきではありません。
> *─逆に「〜に責任を負わせる」なら，put the responsibility on〜。
> We should not put all the blame on the Vice-president.
> The Vice-president does not deserve all the blame.
> The Vice-president is not the only one to blame.

〜と結論づけるのは早すぎます
これらの要素から結論を導くのは早すぎます。
> It is too early to draw any conclusions from these factors.

〜はべつの問題です
たしかに優秀なスタッフが必要となりますが，それはまたべつの問題です。
> It may be true that highly capable staff members are needed. However, that is a different issue from this one.

〜に反します
この提案は，1995年の合意に反するのではありませんか。
| Wouldn't this proposal violate the agreement signed in 1995?

3—誤りを認める

誤りを認めるのは何も恥ずかしいことではありません。むしろ，誤った認識をそのままにしておくことのほうが問題です。「欧米人のまえでは，I am sorry と言ってはならない」といった説を耳にしますが，それは，「間違っていない場合は謝る必要がない」という意味です。欧米人のあいだでも，間違えたときには I am sorry の声が飛び交っています。

* * *

間違っていました
申しわけありません。私が間違っていました。
| I'm sorry but I made a mistake.

〜は間違いでした
私の仮説は間違っていました。
| My hypothesis was incorrect.
私がとった方法は間違っていました。
| The methods I used were incorrect.
| My approach was invalid.

〜したのは誤りでした
この場合の誤差は問題にならないと判断したのは誤りでした。
| It was a mistake to assume that a margin of error in this situation would not matter.

〜を誤解していました
ご質問の主旨を誤解していました。
| I misinterpreted your question.

〜について考え違いをしていました
私はこの素材の性質についてずっと考え違いをしていました。

> Up until now, I have had a misunderstanding about the properties of this material.

〜と思い違いをしていました

この件に関してはすでに合意が得られているものと思い違いをしていました。

> I made the mistake of assuming that we had already reached an agreement on this matter before.
>
> I had the wrong idea that we had already reached an agreement on this matter before.

うっかりしていました

すみません。うっかりしていました。

> I'm sorry. I was being careless.

じゅうぶん〜をしていませんでした

たいへん申しわけありません。そのことについてはじゅうぶんに検討していませんでした。

> I'm very sorry. We did not take that into full consideration.

〜とは思ってもみませんでした

地価がこんなにも急騰するとは思ってもみませんでした。

> We had no idea the land value would rise so suddenly.

そのことは考えてもみませんでした。

> We hadn't even taken that into consideration.

〜を撤回します

先日，申しあげたことを撤回したいと思います。

> I would like to retract my statement from a few days ago.
>
> I would like to take back what I said a few days ago.

4──即答を避ける　　　　　　　　　　　CD45

災いを避けるためには，結論を先延ばしにしたほうがよい場合もあります。また，答えたくない質問に対しては，回答を断る権利もあります。いず

れの場合も，相手の気分を害さない方法で，丁寧に即答を避けるようにしましょう。

＊　　　　　＊　　　　　＊

～なので答えられません

申しわけありませんが，正確な数値がわからないので質問にお答えできません。

> I cannot answer that question because I do not have the exact figures.

それは個人的なことなので，申しわけありませんが，お答えすることができません。

> I am afraid I cannot answer this question because it is personal.
>
> ＊―I am afraid... と付けたほうが表現がやわらかくなります。
>
> That is a personal question. I do not want to answer it.

～について回答できる立場にありません

申しわけありません。その点に関して回答できる立場にありません。

> I am sorry, but I am not in a position to say anything about the issue.

いまは答えられません

現在，その件に関する資料を持っていません。

> ＊―「調べて，あす連絡します」といった意味です。安易な即答を避ける言い方です。
>
> I don't have that information about the issue with me now.
>
> May I get back to you tomorrow?

のちほど～します

のちほど個人的に対応させていただくということでよろしいでしょうか。

> Can we talk about this in private, after the meeting?

日本に帰ってからお答えするということでよろしいでしょうか。

> May I get back to you after I have returned to Japan?

返事には時間がかかります

お返事までに時間がかかることもあります。

> It may take a while to reply.

～が不十分なので断言できません

確固たることを申しあげるには，まだじゅうぶんな情報が揃っていません。

> We do not have enough information to make a definite statement.

データがじゅうぶんではないので断言は避けたいと思います。

> I do not want to make a definite statement because of insufficient data.

～するまで，答えを保留したいと思います。

現在，進めている実験データが出揃うまで，お答えを保留したいと思います。

> I would like to have more time to examine the current research data, before I answer your question.

> I would need to take a closer look at the current data before I could answer the question.

それは～な質問です

お答えするにはとてもむずかしい質問です。

> This is a very difficult question to answer.

＊— because ... や However I think ... と続けて理由などを説明をしたほうが，聞き手にはわかりやすいでしょう。

わが社の管理者にとって，これは大変デリケートな問題です。われわれは慎重に検討すべきです。

> This is a sensitive issue for our managers. We should review this cautiously.

＊— sensitive は「敏感な」や「繊細な」。sensitive issue は「ふれがたい（語りづらい）繊細な問題です」といった意味合いをもちます。

これ以上は話せません
申しわけありませんが，このビジネス・モデルに関してこれ以上お話しできません。

> I'm sorry, but I cannot give you any further details about the business model.

〜を差し控えます
申しわけありませんが，この新製品に関してこれ以上の詳細は控えさせていただきます。

> I'm afraid that I cannot give you any further details about the new product.
>
> ＊— be afraid that ... は that 以下の内容になることを「懸念しています」という意味で，語気をやわらげるのに用いられます。

このトピックの範囲を超えますので，この場でこれ以上の詳細について討議することを控えさせていただきます。

> I should avoid discussing the details because it would be beyond the scope of this topic.

簡単には答えられません
その質問には簡単にはお答えできません。

> That is not a question I can answer so easily.

いまは〜かどうかわかりません
いまは，確実に年内に完成すると断言してよいかどうかわかりません。

> At this moment, I cannot say for sure if it will be completed by the end of the year.

どう考えるべきかわかりません
この問題について，どう考えたらいいのかわかりません。

> We are still in the process of examining this issue.
>
> We don't know what to make of this yet.

言うことはありません
その件に関しては何も申しあげることはありません。

| At this moment, I do not have any specific comments.

わかりかねます

じつのところ，私にはわかりかねます。
| Actually, I am not sure.
| In fact, I do not have the information.

5 — 話を切り上げる　　　　　　　　　　　　　　　　CD46

　議論が最初の視点からそれてしまった場合は，そこまでの話を切り上げて，論点をもとに戻さなければなりません。また，時間的制限から，その日のうちに結論を導けない場合があります。そのようなときは，次回のミーティングへ討議内容を持ち越しましょう。時間を気にせずに討議したほうが冷静な見解に辿り着くことができるはずです。

　　　　　　　　　＊　　　　　＊　　　　　＊

～はそれくらいにしましょう

この話題はそれくらいにしておきましょう。
| I think we have exhausted this topic.
| This will do for this topic. Let's move onto the next topic.

～はわきに置いておきましょう

この問題は，しばらくわきに置いておくことにしましょう。
| Let's put this issue aside for now.

～についてこれ以上，論議するのはやめましょう

計画の詳細について，いまこれ以上，論議するのはやめましょう。
| Let's avoid talking about the details of the plan for right now.

～は保留にしておきましょう

設置場所については，当面，保留にしておきましょう。
| For now, let's put the discussion on the installation site on hold.

～はべつの機会にもう一度，話しましょう

費用については，べつの機会にもう一度，話しましょう。
| Let's discuss the issue of expenses on another occasion.

日をあらためて〜する
この件については，また日をあらためてご相談することにしませんか。
| Can we discuss this issue at another time ?
| I would appreciate it if we could discuss this matter at another time.

6―代案を示す　　　　　　　　　　　　　　　　　CD47
交渉の席などでかならず求められるのが代替案です。ほかにどのような手立てがあるのかを説明したうえで，相手に自由な決定権を与えるようにしましょう。

　　　　　　＊　　　　　　＊　　　　　　＊

代案があります
その件に関して，私にいくつか代案があります。
| I have several alternative plans relating to this topic.
| I have come up with some other options.

〜のほうがよいのではないですか
社外からも協力を仰いだほうがよいのではないですか。
| Wouldn't it be a good idea to ask for some assistance outside the company?
| I find it might be a good idea to ask for some outside assistance.

〜のほうがよいでしょう
輸送には，陸路より空路を利用したほうがよいでしょう。
| It would be a better idea to transport by air rather than by land.
付属品の製造は思いきって外注に出したほうが安いかもしれませんね。
| It may be less expensive to go ahead and subcontract the manufacturing of accessory parts with an outsider.

逆に〜してはどうですか
逆にこちらから出向いてはどうですか。
| What if we were to go there instead?

| Instead, what if we were to be the ones who traveled there?

～する代わりに～することはできないでしょうか

完成品を送る代わりに，材料を送って現地で組み立てることはできないでしょうか。

| Instead of directly shipping the final products, would it be possible to send the materials there and assemble them locally?

こちらから伺うのではなく，そちらが当社にお出でいただくわけにはいきませんか。

| Instead of meeting there, would it be possible for you to make your way here for the meeting?

| I would greatly appreciate it if we could reschedule our meeting so that we could meet at our company instead of yours.

もっとよい～があります

私にもっとよい考えがあります。

| I have a better idea.

～も一案かもしれません

販売にはいっさいタッチせず，開発・製造だけを行なうのも一案かもしれません。

| An alternative plan may be to become independent from sales and distribution and focus solely on the development and manufacturing of products.

もう一つの考えとして

そうですね。でも，もう一つの考えとして，本社機能を地方に移すということがあります。

| Yes, that may be true. However, an alternative view would be to move the headquarters to a more provincial location.

| Yes, that is right. However, an alternative view would be to move the functions of the main office to a more regional location.

補章
OHPやスライドを使う

———— 的確な指示と依頼 ————

テクノロジーの発展にともない，同じ用語でも違う意味を表わすようになってきています。たとえば，以前，「Slide」と言えば，写真のスライドを指していましたが，最近では，パワーポイントのページを指すようになりました。運営側と発表者側とが共通の理解をしているかを，事前の打ち合わせでかならず確認しておきましょう。

❶——設備の確認・準備をする

事前の機材確認は必須です。また，発表のさいちゅうに予期せぬ機械トラブルが発生することもあります。万が一，機械が使用できなくなったときのことも考えて，配布物を用意するなど，バックアップ・プランを用意しておきましょう。

    *   *   *

〜を使用していいですか
コンピューターとプロジェクターを使用してもよいでしょうか？
| Are a computer and an overhead projector available?
| May I use a computer and an overhead projector?

〜が使用できるかどうかは未確認です
プレゼンテーション会場でコンピューターのプロジェクターが使用できるかどうかは未確認です。
| We do not know if we can use a computer projector at the
| presentation site.

〜を下見していいですか
よかったら，プレゼンテーションをする部屋を下見したいのですが。

> If it is possible, I would like to see the room I will be presenting in before my presentation.
> I would appreciate it if I could take a look at the room before the presentation.

〜を用意してください

私のプレゼンテーションにはパワーポイントを使用しますので，OHPを用意してください。

> Please prepare an overhead projector because I will be using PowerPoint for my presentation.

OHPは用意できますか。

> Can you prepare an overhead projector?
> Can an overhead projector be prepared for my presentation?

〜を用意してあります

30枚のOHPを用意してあります。(30枚のOHPを使用します。)

> I have thirty transparencies.
> I prepared thirty transparencies.
> I will use thirty transparencies.
> I will be using thirty transparencies today.

重要なポイントを説明するために，視覚教材をいくつか用意してきました。

> I have prepared some visual aids to help explain my main points.

電池が切れています

電池が切れていると思います。

> I think the batteries have run out.

どのように〜するのですか

どのように焦点を合わせるのでしょうか。

> How can I focus images?
> How can I adjust the focus of the lens?

❷―発表中に指示・依頼をする　　　　　　　　　　　　　　　CD49

　照明や機器類の操作に関する指示・依頼は短くはっきり出して，発表のリズムを崩さないように気をつけましょう。決まり文句がいくつかありますが，いずれも短いものですから，暗記しておくと便利です。

　　　　　　　　＊　　　　　　　＊　　　　　　　＊

明かりを消してください─────────────────────

　明かりを消していただけますか。

　　| Please turn off the lights.
　　| Please switch the lights off.
　　| Please turn the light off.

暗くしてください─────────────────────────

　暗くしてください。

　　| Please turn down the lights.

明かりをつけてください────────────────────

　明かりをつけてくださいますか。

　　| Please switch the light on.
　　| Please turn on the lights.

明るくしてください────────────────────────

　明るくしてください。

　　| Please turn up the lights.

つぎの～をお願いします────────────────────

　つぎの（パワーポイント）スライドをお願いします。

　　　| ＊―連続で指示する場合は，いちいちスライドと言わなくてもわかるので，next one でもだいじょうぶです。

　　| May I have the next slide, please?
　　| Could you go on to the next slide?
　　| Could you go on to the next one?

補章　OHPやスライドを使う　129

〜をもう一度お願いします

まえの（パワーポイント）スライドをもう一度お願いします。
- May I have the previous slide, please?
- Could you go back one slide please?
- Could you go back one?

最初のスライドに戻ってください。
- Please go back to the first slide.

〜はとばしてください

このスライドはとばしてください。
- Please skip the slide.
- Please go on to the next slide.
- Skip this slide, please.

まだ〜をこのままにしておいてください

いえ，まだこのスライドのままにしておいてください。（意に反してつぎのスライドに移されそうなとき）
- Could you leave it on this slide, please?
- Please leave it on this slide.

〜を合わせてください

焦点を合わせてください。
- Could you focus the image, please?

調整してください。（上下・左右が逆になっているような場合）
- Could you adjust it, please?

〜を上げて（下げて）ください

スライドを少し上に上げて（下に下げて）ください。
- Would you move the slide up（down）a little, please?

Tea time ❺

質疑応答をうまくこなすコツ

　企業トップのかたの英語によるスピーチを聞く機会がよくありますが，「おやっ」と思うことが少なくありません。スピーチは朗々と見事にこなすのに，いざ質疑応答となると，おぼつかなくなるケースがままあるのです。なかには，あのすばらしいスピーチをした同じ人物かと思わせるほどギャップを感じさせる人もいます。その理由と対策を考えてみましょう。

◆不断の努力あるのみ

　まず，その理由です。スピーチやプレゼンテーションは準備が可能ですが，質疑応答では万全の準備はありえないということです。スピーチやプレゼンテーションの場合は，極端な話，英語やまったく知らないほかの外国語でも，発音の練習を含めて何度となく準備をすれば，何とかかっこうだけをつけることも可能です。

　一方，私が，大学の ESS などで行なわれているスピーチやドラマだけのアプローチに批判的なのは，それがコミュニケーションのごく一部だけであるにもかかわらず，何度となく練習して丸暗記した（その努力自体は大いに評価しますが）原稿を一気に吐き出して快感にひたるさまは，総合的なコミュニケーション能力を身につけるという本来のバランスの取れた姿からはずれていて不気味だ，と思うからです。

　話が少し横にそれましたが，本論に戻りましょう。対策，すなわち質疑応答をどうこなすか，です。これについては，唯一無二の解はありません。しかし，大原則はあります。そのおもなものを上げてみましょう。

　① 内容を熟知する。
　② 英語のヒヤリング能力を鍛える。
　③ とっさに反応できるよう，active vocabulary を増やしておく。

　①は当然です。内容をよく知らない代読のプレゼンテーションを終えたあとの質疑応答は，「失敗が確実に保証されたようなもの」（a guaranteed formula for failure）です。

②は，相手の言うことがわからなければ，もちろん答えられないというあたりまえのことです。とはいえ，これがなかなか大変です。聴衆の前で緊張しながら外国語である英語の質問を受けるわけですから。ふだんから，耳に英語をたくさんインプットしてヒヤリングを鍛えておくことです。そして，わからないときには，かならず聞き返しましょう。質問を理解しないまま，とんちんかんな返事をしては，その人の知性と誠意を疑われかねません。

　③はある程度，練習できます。たとえば，ネイティブの話す英語をあとから声をだして追いかける（shadowing と言います）練習をするのです。このやり方は同時通訳の訓練にも使われます。追いかける英語を徐々に日本語に切り替えていけば，英日の同時通訳の完成，というわけです。また，ふだんから自分の意見や目にする風景を英語で言ってみる練習も効果的です。「とっさのひとこと」は不断の努力の賜物だと申しあげておきましょう。

◆つねに「聞いてやろう！」の意識をもつ

　私が質疑応答の重要性に気づいたのは，アメリカの大学の大学院生として学部生を教えたときのことです。日本の大学の授業であれば（少なくとも私の知る授業では），先生は一方的に生徒に解説しておしまいです。しかし，アメリカではそうはいきません。何しろ生徒はじゃんじゃん質問してきます。しかし，ここでたじろいではいけません。彼らの質問に瞬時に正確に答えられるかどうかで，その先生の評価が大きく左右されるのです。

　私がどうやって対応したかをご紹介しましょう。それは，黒板に向かって字を書いているときでも，じっと聞き耳をたてる，というやり方です。あたりまえのことのようですが，人間，聞いてやろうという気がないと，聞けるものも聞けないのではないでしょうか。日本語にも，「右の耳から左にぬける」という表現があるではありませんか。私たちにとって母国語である日本語ですらそうなのです。外国語ならなおのこと。英語で書いたり話したりしているときにも，聞いてやろうという意識をつねにもつことは不可欠です。

　隙あらば（？）質問してやろう，と構えている相手（アメリカ人にはそういう人が多いように思います），こうした聴衆に対峙するにはそれなりの戦略が必要だ，というわけです。

第3部

場面別サンプル文例

印象づける効果的な表現

Part Three : Leaving an Impression—Sample Expressions for Various Contexts

第3部 | 場面別サンプル文例

第1章
製品や商品を紹介する

――公正な情報提供――

　商品をセールスするには，その商品の特徴をじゅうぶんに知っておくことが何よりたいせつです。それも，長所ばかりではなく，改善が必要な箇所も同時に覚えておくことです。商品の誇れる部分も改善点も正当に認めたうえでのプレゼンテーションは，聴く側に安心感を与えます。確かな知識なしには，よいプレゼンテーションはできません。

1―品質

持久力があります

　私たちの商品は持久力があります。
> Our goods are endurable.

〜より長持ちします

　当社の商品は他社のものより長持ちします。
> ＊―「従来品より長持ちする」なら，more durable than the current ones。
> Our products are more durable than competitor products.
> Our products are more durable than others.

セールス・ポイントは長持ちすることです

　当社の商品のセールス・ポイントは，他社のものより長持ちするということです。
> Our product's greatest strength is that it is more durable than competitor products.

じょうぶです
この製品のもっとも優れた点はじょうぶさです。
| The product's most distinguished feature is its durability.

耐久性があります
当社の製品のおもな特徴は，低価格で耐久性があるということです。
| The main characteristics of our product are that it is inexpensive
| and durable.

耐久性があるので推奨します
この商品は耐久性に優れておりますので強く推奨いたします。
| We strongly recommend this product because it has great
| durability.

高性能です
新製品の特徴の一つは，高性能だということです。
| Our new product is characterized by being highly efficient.

操作が簡単です
従来の製品に比べて，最新モデルは操作が非常に簡単です。
| Compared to previous products, our latest model is extremely
| easy to operate.

小型化に成功しました
弊社の新型エンジンを他社のものより小型化することに成功いたしました。
| We successfully made our new engine more compact than any
| other competitors'.

重量は〜です
この製品の重量は5.3キログラムです。
| This product weighs 5.3 kilograms.
| *―5.3 は five‐point‐three と読みます。

〜の機能がついています
新製品には，従来の機種にはなかった音声メモ機能がついています。

> Unlike past models, this new product includes a voice memory function.

新たな特色が加わりました

お客さまの要求にお応えして、この製品には新しい特色を加えました。

> In response to our consumers' requests, we have added a new feature to the product.

最新モデルです

これが、来月末に発表を予定している当社の最新モデルです。

> This is our latest model set to hit the market at the end of next month.

2 ― 開発意図

～の主眼は～を開発することです

この仕事の主眼は、扱いやすいソフトウエアを開発することです。

> The main focus of our work has been to develop software that is easy to use.

～の主旨は～を考えることです

本書の主旨はこのコンピューターの使用方法を教えることです。

> The purpose of this book is to provide instructions for the computer.

～が使いやすいように～しました

高齢者にも使いやすいように、製品の表示を大きくし、操作も簡単にしました。

> To accommodate our older aged customers, the product's display has been enlarged and is now easier to operate.

3 ― 製造工程

所要時間は～分です

生産完成までの所要時間は約50分です。

| Production takes about 50 minutes from beginning to end.

一工程に～時間かかります
全工程を終えるのに約4何時間かかります。
| The overall process takes approximately four hours to complete.

ラインの長さは～です
一つのラインの長さは約30メートルあります。
| A single production line is approximately thirty meters long.

～が～の基本工程です
ここまでにお話ししたことが，弊社の新型コンピューターの生産にかかわる基本的な工程です。
| What I have explained to you up to this point is the basic manufacturing process of our latest computer model.

生産スピードは～の～倍です
弊社工場の生産スピードは他社の約5倍です。
| Our plant's production time is approximately five times shorter than other companies.

生産効率が～パーセント，アップしました
弊社の新しいコンピューター・システムによって生産効率が約10パーセント，アップしました。
| The efficiency of production has increased by 10 percent due to our new computer system.

4—品質管理

慎重に検査します
最後に，慎重に検査を行ないます。
| In the final stage we will carefully examine and test our products.

～のために綿密な試験をします
欠陥商品を除去するために綿密な試験をします。

> We will examine the product precisely in order to remove any defective ones.

〜を用いて品質管理をします

私たちはこの高度コンピューター・システムを用いて品質管理をしています。

> We control the quality of products by using this advanced computer system.

〜の頻度でメンテナンスを行ないます

一月に1度の頻度で機械のメンテナンスを行なっています。

> The machinery goes through a maintenance check once a month.

1日に1回は必ず各部署の責任者がチェックしています。

> The responsible official from each division makes a daily inspection.

〜における環境基準は〜です

ドイツにおける環境基準は昨年より厳しくなってきております。

> Environmental standards in Germany have become stricter than last year.

安全性基準の向上に役立ちます

自動警報システムは弊社工場の安全性基準の向上にたいへん役立っております。

> The automatic warning system has helped to improve the standard of safety within our plant.

安全対策には万全を期しています。

> We are taking every possible measure to ensure safety.

5—生産システム

自動化されています

これは世界でもっとも自動化されている工場です。

| This is the most automated plant in the world.
生産から梱包まで，完全に自動化されています。
　| From production to packing, the process is fully automated.

外注します
すべての細かい部分は外注します。
　| We ask subcontractors to take care of all the details.

～で製造し，～で組み立てます
各部品は中国の工場で製造し，アメリカで組み立てています。
　| Each part is manufactured in China, and then assembled in the United States.

～個単位で扱います
1ロット100個からお引き受けします。
　| A single lot can be produced, starting from 100 units.

～の開発に努めています
新しいシステム開発に努力してまいりました。
　| We have made great efforts to develop the new system.

～名のスタッフがかかわっています
このプロジェクトには総勢約50名がかかわっています。
　| A total of approximately 50 people are involved with this project.
　| At total of approximately 50 individuals are working on this project.

完成までには～日かかります
完成までには，あと20日ほどかかります。
　| It will take approximately 20 more days to complete.
　| It will be completed in about 20 days.

第3部　場面別サンプル文例

第2章
販売の戦略を説明する

――― 信頼できる将来予測 ―――

　価格やサービス，プロモーションなどに関してどのようなプランをもっているかを，できるだけ具体的に示すことがたいせつです。短時間で販売戦略を説明する場合は，グラフやダイヤグラムを使用すると，聴く側の理解度を高めることができてとても便利です。

1 ― 価格・経費

低価格で提供しています

　これまでは，市場においてもっとも安い値段を提供してまいりました。

> ＊― cheap には安っぽいというニュアンスがあるので，このような場合には使いません。
>
> So far, we have offered the lowest prices on the market.
> We have offered the lowest prices on the market.
> Traditionally, we have offered the lowest market prices.

割り引きます

　これは1ケース100ドルですが，5ケースから割り引きいたします。

> The cost is $100 per box and we offer a discount for five boxes or more.

　100個以上のご注文には，特別に値引きいたします。

> For orders over 100 items, there is a special discount.

同一価格帯で〜種類あります

　同じ価格帯で三つの機種を用意しております。

| Three different models are available within the price range.

運送に〜円かかります
完成品を日本へ送るのにいくらかかりますか。
| How much will it cost to ship the finished goods?

特注は〜円，余計にかかります
特注にすると，いくら余計にかかりますか。
| How much extra will a special-order cost?

2―市場性・需要

新しい市場を生み出しました
新しいIT技術が今日の新しい市場をつくりだしました。
| New IT technology has created today's new market.

〜ばかりでなく，〜でも市場性があります
私たちの商品は，国内ばかりでなく，アメリカでも市場性があります（売れます）。
| Our product is marketable not only in Japan but also in the United States.

もっともよく売れている商品です
これが現在，わが社でもっともよく売れている商品です
| Currently, this is our best-selling product.
| Right now, this is our hottest item.
　＊―hottest itemとは「もっとも売れ行きのよい商品」のことです。

需要があります
この商品はすでに消費者の需要があります。
| This product is already in demand.

〜なので需要が見込めます
この製品はその高品質ゆえに需要があると思います。
| I believe that this product is in demand because of its high quality.

〜に歓迎されるでしょう

この新型パソコンは，とくに中高年層に歓迎されることと思います。
> We expect this new PC model to be well received by especially middle to older aged customers.
>
> *— PC とは personal computer の略です。

予約が殺到しています

先月，当社の新モデルを発表して以来，ご予約が殺到しております。
> Advance orders have been pouring in since we announced our new model on the market last month.

3—在庫・配送

〜までには届けられます

本日中にご注文いただければ，今週末にはお届けできます。
> If you place an order within today, the product will be delivered at the end of this week.

〜日間で出荷できます

ご注文いただいてから中3日で出荷できます。
> The item will be shipped three business days after receiving the order.

在庫不足なので〜できません

在庫不足のため，本日の配達はお約束できません。
> Due to the shortage in stock, we cannot guarantee delivery today.
>
> *— It can be delivered by tomorrow. などと，いつまでに配送できるかも知らせたほうがよいでしょう。

〜ころ入荷します

その部品は，今月末までには確実に入荷いたします。
> The parts will be definitely in stock by the end of the month.

〜は製造中止です
A-4型は，すでに製造中止となっております。
| The A-4 model is no longer manufactured.

4─販売促進

新製品の販売を開始します
私たちは，この新製品の販売をイギリスで開始するつもりです。
| We are planning to launch this product in England.
　＊─launch は「新造船を進水させる」という意味ですが，ビジネスでは「新製品を発表する」といった意味で使われます。

マーケティング戦略は〜です
われわれのマーケティング戦略は販売チャネルをコントロールすることです。
| Our marketing strategy is to control the sales channel.

このカタログは〜を紹介しています
このカタログは新製品の特徴を簡潔にご紹介しております。
| This catalog briefly describes the new product's features.

セールス・プロモーションは〜です
弊社のセールス・プロモーションには，テレビやラジオによるコマーシャルや，新聞・雑誌の広告が含まれています。
| Our sales promotion activities include TV and radio commercials, and newspaper and magazine advertisements.

〜に関するキャンペーンを行ないます
4月1日に，新型携帯電話についてのデモンストレーション・キャンペーンを開催いたします。
| We will be holding a special promotional event to unveil and demonstrate our new mobile-phone on the first of April.

新製品のキャンペーンはどのくらいの期間を予定していますか。
| How long will the sales campaign for the new product be?

| How long do you plan for the sales campaign to be?

研修ビデオを用意しました
セールス・パーソン研修のためのビデオを用意いたしました。
| We are creating a training video for sales personnel.

〜のセールス・マニュアルがあります
わが社は代理店や販売員用にセールス・マニュアルを提供しております。
| We provide a sales manual for our outlet stores and sales staff.

セールス・マニュアルには〜が説明してあります
わが社のセールス・マニュアルには，商品の特徴と販売方法が説明されています。
| Our sales manual explains the features of our products and sales methods.

5—サービス・保証

サービスは客の〜に応えています
このサービスはお客さまが要求している条件を満たしています。
| This service will meet your requirements.

保証書は〜間，有効です
この保証書は6か月間有効です。
| We provide a six-month guarantee for this product.
| The warranty is valid for six months.

〜で修理ができます
当社の商品は，世界中にある当社のインターナショナル・リペア・センターで修理できます。
| Our products can be repaired at our International Repair Centers throughout the world.

サービスは業界一です
当社のサービスは，業界でナンバー・ワンだと確信しております。
| We strongly believe our service is the best in the field.

時間厳守は鉄則

　私が，日本の会社で人材開発の仕事にかかわりはじめたころ，プロのトレーナーから非常に貴重なアドバイスをいただきました。私はいまだにそのアドバイスに従っていますが，それをみなさんにもご紹介しましょう。ポイントは二つあります。
　① 会場には，かならず時間前に来ること。
　② できれば事前に聴衆の何人かと一言，二言，言葉を交わすこと。
　まず，①です。遅刻は問題外としても，ぎりぎりにはいってきて，汗を拭いたり，あわてて原稿を引っ張りだしたりでは，何もよいことはありません。時間前に会場にはいり，まず会場の雰囲気を見て，プレゼンテーションの流れをざっと予習します。このとき，細かい内容にいちいちこだわるのではなく，全体の流れを追うことが肝心です。みなさんは十分な準備をしているはずですから，この時点では，ざっと予習するだけでよいのです。
　②は，どういう聴衆がいるのかを把握するのに大いに役立ちます。聴衆は緊張しているか，リラックスしているか，テーマへの関心はどの程度か，プレゼンターである自分に好意をもっているのか，そうでないのか等々，さまざまな貴重な情報が，何人かの聴衆とちょっと話すだけで何となくわかってきます。また，こうすることによって，ただ一方的にプレゼンテーションするだけではなく，聴衆と対話するのだという心の準備ができます。
　プレゼンテーションが始まったら，事前に対話した人のなかで自分に好意的だと思った人に向かって話しかけるようなつもりで喋ることも，じょうずなやり方です。この事前の対話は，プレゼンターであるあなたの緊張を和らげるのにも大変役に立ちます。いきなり声を出そうとしたらのどがつかえてしまった，といった「不慮の事故」の予防にもなります。
　会場の設営状況によっては，聴衆と直接話すことができない場合もありますが，その場合は一緒にプレゼンテーションをする仲間と話してみるとか，会場の担当のかたと一言，二言，言葉を交わすとかするだけでもずいぶん違ってきます。みなさんも，ぜひお試しください。

第3部　場面別サンプル文例

第3章
会社の概要を案内する

――実績の証明――

　新顧客に安心して取り引きのできる会社であることを伝えるためには，会社の規模や社員数，株価や年間売上などを，具体的な数字を用いて説明しましょう。また，会社の理念や営業方針などは，けっしてむずかしい単語を用いて説明する必要はありません。簡潔でわかりやすい説明が一番です。

1――営業方針

当社の目標は～を提供することです

当社の目標は，高品質の商品を製造し，安価で消費者に提供することです。

> Our company's objective is to produce high-quality products and offer them to consumers at an economical price.

～に応えることを目標としています

お客さまのニーズや関心にお応えすることを，私たちは目標とします。

> We aim to serve the needs and the interests of our customers.

顧客優先が社の方針です

新しいプロジェクトに関しては，つねに顧客を優先にすることが社の方針です。

> Our basic policy concerning the new project is that the customer always comes first.

全社員が同じ目標をもっています

わが社の全社員が同じ目標をもっていることを確信しております。

> We are certain that all members of this company aim for the same common goal.

労使一体となって〜に取り組んでいます

経営陣と従業員が一体となって業務に取り組んでいることを確信しております。

> We are certain that our management group and employees are working as one.

2—事業内容・経営実態

これが会社概要です

これが当社の会社概要です。

> This is our company brochure.

これが当社のパンフレットです。

> Here is the brochure about our company.

多角経営です

当社は多角経営をしています。

> Our company offers a diversified business.

世界中にネットワークをもっています

わが社は世界中にネットワークをもつ貿易会社です。

> We are a trading company with a worldwide network.

総合的な〜の会社です

私たちの会社は総合的な貿易の会社です。

> We are a comprehensive trading company.

〜の製造・販売を行なっています

私たちの会社ではコンピューターの製造と販売を行なっています。

> Our company makes and sells computers.

〜を扱っています

当社は乳製品を扱っています。

> Our business handles dairy products.

～に特化しています
私たちの会社ではコンピューター・ソフトウエアの生産と販売に特化しています。
> Our company specializes in manufacturing and marketing computer software.

人材育成に力を入れています
当社は毎年，教育システムの開発だけでなく，人材の育成にも力を入れています。
> Our company not only develops an educational system for our employees on a yearly basis, but it also encourages our employees to acquire skills and expertise.

～か国と取り引きがあります
私たちの会社は30か国以上の国と取り引きがあります。
> Our company has been doing business with firms in more than thirty countries.

～と技術提携をしています
当社はイタリアのロレンツォ社と技術提携をしています。
> We have established a technical tie-up with the Lorenzo Corporation of Italy.

3—営業実績

総売上は～円です
わが社の昨年の総売上は3億5千万円でした。
> Our gross sales for last year was 350 million yen.

売上は～パーセント増です
本年度の売上は5パーセント増です。
> This year's sales increased by 5%.
> This year's sales have increased by 5%.

総売上を〜円にしたいと思います
今年度は総売上を850億円にしたいと思っています。
> We expect that our annual gross sales will reach 85 billion yen this year.

〜のシェアを占めています
現在，携帯電話では30パーセントのシェアを占めています。
> Currently, we account for 30 percent of the shares in the cell phone market.

4—設立

〜年に設立され，〜年に上場しました
わが社は1961年に設立され，1995年に株式を上場しました。
> Our company was established in 1961, and our stock was listed in 1995.

創立〜周年です
当社は来年，創立百周年を迎えます。
> Next year will mark the 100th anniversary of our company's establishment.

新しい会社です
わが社は10年まえに設立された，この業界ではわりあいに新しい会社です。
> We are a fairly new company in this industry, being established ten years ago.

関連会社を設立しました
ビジネス・チャンスを高めるために関連会社を設立しました。
> We created a subsidiary to enhance new business opportunities.

親会社から独立しました
当社は1995年に親会社から独立しました。
> In 1995, we established ourselves as an independent firm from

> our parent company.

～と合併しました
当社は昨年，日興株式会社と合併しました。
> Last year we merged with Nikko Corporation.

5 ― 組織・規模

～部門に大別できます
当社は四つの部門に大別できます。マーケティング・財務・研究開発・そして製造です。
> Our company consists of four main departments. They are Marketing, Finance, Research and Development and Manufacturing.

～の部署からなりたっています
私たちの会社は広告・営業・販売の三つの部署からなりたっています。
> Our company is divided into three sections: advertising, sales and marketing.

～に対応して組織を再編成します
時代の変化に対応して当社の組織も変えます。
> In order to keep up with changes, our company is planning to reorganize.

社内機構を改革します
多くの弊害に直面しています。したがって，社内機構を改革する必要があります。
> We are facing problems. Therefore, we have to restructure ourselves internally.

大手の会社です
わが社は，業界トップ３にはいる大手菓子メーカーです。
> Our company is one of the top three confectionary manufacturers.

中堅の会社です
私たちの会社は中堅の貿易会社で，1990年に設立されました。
> Our company is a medium-sized trading company established in 1990.

小規模の会社です
当社は小規模のコンピューター・ソフト会社です。
> We are a smaller computer software company.

資本金は〜円です
当社の資本金は3億円です。
> We are a company with a capital of 300 million yen.
> We are a company with a 300 million yen capitalization.

社員は〜名です
わが社は550名の社員を有します。
> We have 550 employees.

〜部門で社員数〜名です
当社は5部門あり，700名の社員を抱えています。
> Our company has 5 divisions with 700 employees.

敷地は〜平方メートルです
わが社の敷地面積は約8,000平方メートルです。
> Our company site is about 8,000 square meters.

6—支店・工場

本社は〜にあります
本社はニューヨークにあります。
> The head office is located in New York.

〜に工場があります
当社はデトロイトに工場をもっています。
> We have a factory in Detroit.

～つの支店があります
世界の各地に50の支店があります。
> We have 50 branches around the world.

＊―「支店」は branch office や branch store とも言い換えられます。

日本全国に50の支店・営業所があります。
> We have 50 branch offices throughout Japan.

～つの代理店があります
当社には，代理店が国内に約1000店，海外に10店あります。
> Our company has approximately 1000 domestic agencies and ten overseas agencies.

～に工場を新設しました
1998年に，中国に工場を新設しました。
> A plant in China was opened in 1998.

新事務所を開設します
わが社は営業力を高めるために，来年，ワシントンに新しい事務所を開設します。
> We are planning to open a new office in Washington next year in order to increase sales capacity.

～にあたり，従業員を増員します
ニューヨークに新事務所を開設するにあたり，従業員を増員します。
> We will increase the number of employees due to opening a new office in New York.

7―社員教育など

～時から～時まで定例会議を行ないます
私たちの会社では，金曜日を除いて毎日，午前9時から定例会議を行ないます。金曜の会議は一時から始まります。
> Our company holds regular meetings at nine o'clock, but meetings on Friday start at one o'clock.

やる気を高めることを重視しています

わが社では，たがいのやる気を高めることと，社内ネットワークを構築することを重視しています。

> It is important for us to motivate each other and to construct an internal-network system.

～は社員の士気を高めます

優れた業績は社員一人ひとりに自信を与えるだけでなく，彼らの士気を高めます。

> Greater business productivity not only boosts the self-confidence of each employee, but also increases the overall morale of employees as well.

社員同士のコミュニケーションを深めます

社員同士のコミュニケーションを深めるためのいま一つの解決策は，毎日，定例会議を開くことです。

> An alternative solution to improve our employees' communication is to hold regular meetings every day.

社員食堂は～の場です

当社の社員食堂は，社員のコミュニケーションの場として機能します。

> Our company's cafeteria will serve as useful communication space for employees.

従業員教育に投資しています

みなさまご存じのように，私たちは従業員教育に資金を投入しています。

> As you know, our company invests to educate and train our employees.

～を考慮して職場配置を決めます

わが社では，社員の職歴を考慮に入れて新しい職場への配置を決定します。

> Our company takes every employee's work experience into consideration when we transfer them to a new workplace.

Tea time ❼

日々の情報に敏感になる

　プレゼンテーションの名人をおふたり，ご紹介しましょう。

　まず，人事コンサルタントの高橋俊介さん。高橋さんとは，ある人事の研究会でお会いしてから，会社の研修でお世話になったり，同氏の著書の対談をしたり，個人的に食事をしながらお話を伺ったりしています。彼は，テレビを見たり町を歩いたりしているときでも，つねに「講演のネタ」を探しておられるそうです。人事の話といっても，堅苦しい制度のつまらない話なんかではありません。非常に早口でしゃべり，中身が充実しているのに加え，とにかくおもしろいのです。現代的なエピソードも随所にちりばめられていてまった退屈しません。彼は，いまは大学でも教えていますが，学生たちにも大人気だそうです。彼のおもしろいプレゼンテーションにも，こうした日々の情報に敏感である，という基本姿勢があるのです。

　もうひとかたは，大前研一さんです。直接お会いしたことはありませんが，その著書『やりたいことは全部やれ！』（講談社）におもしろい記述がありますので，ご紹介しましょう。大前さんは，言うまでもなく，世界で人気抜群のコンサルタントであり講演の名人です。1回（45分から1時間半）の講演料が5万ドルということですから，おそらく世界でもっとも高い講演料が取れるひとりでしょう。

　世界中で講演をされている大前さんですが，彼の情報収集のしかたは非常にユニークです。地元の不動産屋さんに物件を案内させ，通常ではなかなか手にはいらない市井の情報を手に入れ，それを講演で話すのだそうです。そうすると，大前さんはまさに自分たちのことを生活レベルに至るまで熟知しているインサイダーだな，ということで，大いに受けるそうです。

　おふたりとも，元マッキンゼーのコンサルタントですが，さすがに知能とプレゼンテーション能力で勝負するコンサルタントは，情報に対する感度が研ぎ澄まされていて，その収集のしかたもなかなかユニークですね。みなさんも，プレゼンテーションの達人をめざして，情報のアンテナを磨かれてはいかがですか。

補章
知っておくと便利な言い回し

──つなぎのフレーズ──

　急に海外出張が決定した。あす，海外からのお客さまのまえでプレゼンテーションをしなければならない。このような場合，この本で紹介されているすべての文例をマスターするのはむずかしいでしょう。

　しかし，心配することはありません。ここで紹介しているフレーズを覚えておくだけで，簡単なプレゼンテーションは準備できます。

　なぜなら，あなたが思っている以上に，あなたの記憶のなかには，学生時代に覚えた英単語が詰まっているはずだからです。あとは，自然な文章のつなぎ方をマスターするだけで，促成プレゼンテーションはできます。

❶─話を始めるとき

- 〜から始めよう……………………………… I would like to begin with
- 最初に〜を考える…………………………… My first thought is
- まず〜に的を絞る…………………………… I would like to first focus on
- 第一歩として………………………………… as the first step,

❷─論拠を示すとき

- 〜を見ると ……………………………………………… looking at
- 〜をさかのぼってみると ……………………………… tracing
- 〜によれば ……………………………………………… according to
- 〜から判断すると ……………………………………… judging from
- 〜に照らしてみると …………………………………… in light of
- 〜に基づくと ………………………………… on the basis of／based on
- 〜という根拠で ………………………………………… on the grounds that

❸ ― 当然であることを表わすとき

- 当然であるが …………………………………… is no surprise that
- たしかに …………………………………………… certainly
- もちろん …………………………………………… indeed
- 言うまでもないが ……………………………… needless to say
- 言うまでもなく ………………………………… as we all know

❹ ― 明白であることを表わすとき

- 明白なことだが ………………………………… obviously
- 明らかに …………………………………………… clearly
- 疑いもなく ………………………………………… without a doubt
- 間違いなく ………………………………………… absolutely／definitely

❺ ― 理由・目的・原因を表わすとき

- 〜の理由から …………………………… because of／due to
- この理由で ……………………………… for this reason
- このために ……………………………… with this view
- 〜するために …………………………… in order to
- 〜のおかげで …………………………… as a result／due to／thanks to
- 〜のせいで ……………………………… is cause by

❻ ― 意見を述べるとき

- 〜の考えでは …………………………… according to
- 私の理解するところでは ……………… my understanding is
- 私の感触では …………………………… my feeling is
- 率直な考えを言うと …………………… in my honest opinion
- 知るかぎりでは ………………………… as far as I know
- 覚えているかぎりでは ………………… as far as I can remember
- 正しく理解しているとすれば ………… if I understand correctly

- 記憶が間違っていなければ ……………… if I can remember correctly

❼——事実を述べるとき
- 実際は ……………………………………………… actually,
- 事実 ………………………………………………… the truth is
- じつのところ ……………………………………… in fact
- たしかに …………………………………………… certainly

❽——逆のことを述べるとき
- たしかにそうだが ……………………… but then
- しかし …………………………………… however
- それでもなお …………………………… nonetheless／nevertheless
- 一方／それに対して …………………… on the other hand
- 〜にもかかわらず ……………………… despite／inspite of
- それにもかかわらず …………………… even though
- それはそうだが ………………………… even then／still

❾——繰り返すとき
- 繰り返し言ったように ………………… as I have repeatedly mentioned
- さきほども言ったように ……………… as I mentioned earlier
- よく指摘されることだが ……………… as it is often pointed out

❿——言い換えるとき
- 言い換えると ………………… another way of saying it／in another way
- 別の言い方をすれば ………… in other words
- 〜というよりは ……………… or rather I should say
- つまり ………………………… thus／in fact
- 要するに ……………………… afterall／in a nutshell
- いわば ………………………… in a manner of speaking

- わかりやすく言うと ……… simply／in simple terms
- 正確に言うと ……………… more precisely／in precise terms
- 厳密に言うと ……………… strictly speaking／strictly put
- 手短に言うと ……………… to be brief／to make a long story short
- 具体的に言うと …………… more specifically
- 一般的に言うと …………… generally／generally speaking
- おおざっぱに言うと ……… basically,
- 逆を言うと ………………… conversely／in contrast
- 単純に言ってしまえば … to put the matter simply

⓫―聞き返すとき

- えっ？ ………………… I beg your pardon?
- すみません，何とおっしゃいましたか。
  …………………… Excuse me. I didn't quite catch what you said.
  …………………… Excuse me. Could you repeat what you said?

⓬―結論を述べるとき

- 結論として …………………… in conclusion
- 最終的に ……………………… finally
- これまで述べてきたように ……… as it was discussed／this leads to
- 概して ………………………… overall
- 全体として …………………… as a whole／in total
- したがって当然 ……………… naturally／it is only natural that
- とにかく ……………………… in any case／anyhow

⓭―結果を表わすとき

- したがって ………………………………………… therefore
- この結果 …………………………………………… as a result,
- 結果として ………………………………………… in consequence

- 結果的には ……………………………………… consequently
- 最終的には ……………………………………… finally
- ついに …………………………………………… at last
- とうとう ………………………………………… after all
- 結局は …………………………………………… in the end

⓮―要約するとき

- 要約すると ……………………………… in summary
- 要するに ………………………………… in sum／the point is
- 簡単に言えば …………………………… to put it simply／in brief
- ここまでは ……………………………… so far
- いずれにしても ………………………… at any rate／in any case

⓯―観点を示すとき

- 〜に関しては ……………… regarding／in terms of
- この点で …………………… in this way／in this respect
- 〜の点では ………………… in matters of／...-wise（例＝money-wise）
- 〜の観点から ……………… from ... perspective／from the view point of
- 〜の立場から ……………… from ... position／from the position of
- 〜と関連して ……………… in reference to／in association with
- べつの観点から見れば ‥ from a different point of view
- 〜の観点から考えれば
  …………… examine from ... perspective／discuss in terms of／...-wise
- 一般的に見れば ………… generally speaking
- 歴史的な面から見れば ‥ in terms of history／from a historical aspect
- 経済的な側面から検討すれば
  ………………………… considering this from an economic viewpoint
  ／to review from the economic aspect
- 第1番目と関連して …… related to the first

⓰―状況を表わすとき

- 目下 ……………………………… presently／at the present moment
- 現状では ……………………… under the present circumstances
- ～の状況では ………………… when it is
- その場合は …………………… in that case
- ～の場合は …………………… in the case of／if it is

⓱―話題を変えるとき

- ところで ……………………………… by the way／in the meantime
- さて …………………………………… now／and now
- ときに ………………………………… incidentally

⓲―視点を変えるとき

- 違う角度から見れば ……………………… seen from another angle
- べつの観点から見れば
  ……… if you look at it in another light／from a different perspective

⓳―比較するとき

- ～と比べると ………………… compared to／compared with
- ～と比較して ………………… by comparison with
- ～と対照してみると ………… contrasted with
- 比較的に ……………………… comparatively／relatively
- 対照的に ……………………… by contrast／in contrast to
- ～とは比較にならない ……… beyond comparison／incomparable to

⓴―例を示すとき

- たとえば ……………………… for example／such as／for instance
- ～など ………………………… and so forth／et cetera（etc.）
- 例としては …………………… examples include

- 実例をあげて説明する ……………… using real examples
- ～のよい例は ……………………… a good example of ... is
- ～はその好例である ………………… is a perfect example
- ～も例外ではない …………………… is no exception
- ～によく見られるように ………… as is commonly seen

㉑—条件を示すとき

- ～という条件で …………………… under ... conditions／under ... terms
- ～であることをべつにすれば … ignoring the fact that
- さもなければ ………………………… otherwise
- すべてではないにしろ …………… though it may not be everything
- ～とは結論づけられないにしろ
  ……………………………………… though it may not be concluded that
- じゅうぶんに検討したうえで
  ……………… after careful consideration／upon through discussion
- じゅうぶんに研究したうえで..... upon sufficient research
- 原則としては ……………………… as a general rule／in principle
- 基本的には ………………………… basically
- 一般的には ………………………… typically
- 例外的に …………………………… exceptionally

㉒—追加するとき

- さらに ……………………… furthermore／moreover
- そのうえ …………………… besides
- それに加えて ……………… in addition／on top of which
- ～に加えて ………………… in addition to
- ついでに …………………… by the way
- さらに悪いことに
  ………………… to make matters worse／and to make things worse

補章 知っておくと便利な言い回し

- 付け加える　　　　　　to add
- あと一点ふれる　　　　to mention one more point

㉓—頻度を表わすとき

- ほとんどいつも　　　　most of the time／almost always
- 通常は／たいていは　　usually／normally
- よく　　　　　　　　　often
- ときどき　　　　　　　sometimes
- ときおり／たまに　　　occasionally／at times／once in a while
- めったに〜しない　　　almost never／rarely／hardly ever
- まったく〜しない　　　never

㉔—順番を表わすとき

- 最初に　　　　　　　　　　　　　　　　initially,
- 最後に　　　　　　　　　　　　　　　　finally,
- つぎに　　　　　　　　　　　　　　　　secondly
- 冒頭で　　　　　　　　　　　　　　　　at the opening
- 第一に　　　　　　　　　　　　　　　　first
- 第二に　　　　　　　　　　　　　　　　second
- 第三に　　　　　　　　　　　　　　　　third
- まず第一番目に　　　　　　　　　　　　first of all
- こんどは　　　　　　　　　　　　　　　next
- 同時に　　　　　　　　　　　　　　　　simultaneously
- ひとつには　　　　　　　　　　　　　　for one thing
- さらに　　　　　　　　　　　　　　　　for another

㉕—アドバイスするとき

- すべきだ　　　　　　　　　　　best to
- すべきではない　　　　　　　　best not to

- 〜したほうがいい …………………………… should
- 〜しないほうがいい………………………… should not
- 私があなたの立場なら ……………………… if I were in your position
- 〜を薦める ……………………………………… recommend

㉖—依頼するとき

- お願いがあるのですが ……………… I need to ask you a favor.
- 〜していただきたい ………………… Could you please ...?
- 〜していただけますか ……………… Would it be possible if you could ...?
- 〜していただけるとありがたい ‥ I would be grateful if you could

㉗—許可を求めるとき

- 〜してもいいですか …………………………… May I ...?
- 〜を許可願いたい ……………………………… May I be permitted to ...?
- 〜したいのだが ………………………………… I would like to

㉘—受け入れるとき／断るとき

- もちろんどうぞ ……………………………… you are welcome to
- ご自由に〜してください ………………… feel free to
- それはできないと思う …………………… is not allowed
- 申しわけないが …………………………… I'm sorry but
- 許可されていない ………………………… is not permitted／Do not

㉙—発言をやわらげたいとき

- 実際は ……………………………… as a matter of fact／actually／in fact
- じつをいうと ……………………… to tell the truth
- 残念ながら ………………………… unfortunately
- ご存知のように …………………… as you may know
- おことばですが …………………… for your words

補章　知っておくと便利な言い回し　163

- 申しあげにくいのだが .... this is difficult to say but
- それはそうだが .... that said
- なるほど〜だが .... indeed ... but／that may be so, but
- そうはいっても .... at the same time
- とはいっても .... nevertheless
- よろしければ .... if you prefer
- 申しわけないが .... I'm sorry but
- あいにくだが .... I'm afraid that／unfortunately

㉚―前置きをするとき

- ご迷惑をおかけして申しわけありませんが
  .... I'm very sorry that／we are very sorry for
- お手数ですが .... Would you kindly
- 失礼ですが .... Forgive me but
- 奇異に感じるかもしれませんが … This may sound a little strange but
- この機会に申しあげますが
  .... I would like to take this opportunity to point out

㉛―間を取りたいとき

- えー，そうですねぇ .... Yes, I see／Well
- いや（その表現ではなく）......... That wasn't the word I had in mind.
- ちょっと確かめさせてください。
  .... Please give me a moment to check.
- どう申しあげればいいでしょうか。........ How shall I say this?
- ちょっと考えさせてください。
  .... Can I have a moment to gather my thoughts?

㉜―小休止・中座をしたいとき

- そろそろ休憩しましょう。

- ……………………………… I think it is time for a break.／Let's take a break.
- 15分ほど小休止させていただけませんか。
  ……………………………… Could you excuse me for about 15 minutes？
- ちょっとお待ちください。……………………………… Please wait a moment.
- すぐに戻ります。……………………………… I will be back shortly.
- ちょっと失礼します。
  Excuse me for a moment.／Would you excuse me for a moment？

㉝―呼びかけるとき

- みなさま ……………………………… Ladies and gentlemen
- みなさん（友人や同僚に対して） ……… Dear colleagues／Dear friends
- 会員の皆さま
  ……… Fellow members／Fellow representatives／Fellow delegates
- ご来賓のみなさま
  …… Distinguished guests／Honored guests／Honorable delegates
- 取締役のみなさま ……………………………… Board members
- 議長 …… Mr.［Madam］President／Mr.［Madam］Chairperson／
  Mr.［Madam］Chairman／President…

  ＊― President Anderson「アンダーソン議長」などのように苗字をつけて呼ぶこともあります。

- 議長，委員，そしてみなさま

  Mr.［Madam］Chairperson, fellow delegates, ladies and gentlemen
- 議長，ご来賓のかたがた，ならびに当協会のみなさま

  Mr. Chairperson, distinguished guests, and members of this association

  ＊―当協会（association）の部分を，団体（organization）や組合（union）などに置き換えることができます。

◆資料説明に役立つ用語

図	figure
表	table
図式	diagram
フローチャート	flow chart
棒グラフ	bar graph
（複数の棒の）棒グラフ	bar chart
円グラフ	circle graph／pie chart
折れ線グラフ	line (broken-line) graph
横軸	the horizontal axis
縦軸	the vertical axis
アミかけ	shading
線	line
点	point
矢印	arrows
数字	figure
数値	value
～を示す，表わす	indicate, show
～の数字を見ると	when we look at the figure for
～によると	according to
～％増加する／減少する	increase／decrease by ...%
横ばいである	stagnant／stay flat／flattening out
急激に	sharply
着実に	steadily
わずかに	slightly
最大	maximum／peak
最小	minimum／minimal

プロフェッショナルをめざす

　プロフェッショナルとは何でしょうか。それは，これだけは誰にも負けないという優れた能力をもち，その能力を必要なときに発揮できる人たちのことだと言えるのではないでしょうか。

◆ビジネス・リーダーたるには
　私はつねづね，21世紀のビジネス・リーダーの要件はつぎの三つだと考えています。
　　① 問題発見・解決能力
　　② MBA基礎科目の知識
　　③ コミュニケーション能力
　①は，ビジネス上で起こりうる問題をあらかじめ予測・発見し，解決できる能力です。
　②は，マーケティング，会計，財務，人と組織，戦略，ビジョン，リーダーシップといった，MBA（経営学修士）の基礎コースで教えられる科目の実践的な基本的知識のことです。
　③は，ビジネス上でのさまざまなシーンで，人にメッセージを伝え，納得させ，リードしていくためのコミュニケーション能力のことです。
　21世紀は，IT技術の発展や規制緩和によって大競争（Mega Competition）が起こるグローバルな時代といわれています。そんな時代に活躍を期待されるビジネス・リーダーが，ビジネスでもっとも多用されている英語によるコミュニケーション能力を備えておくのは不可欠の条件です。
　ビジネスはひとりでやるわけではなく，当然，仲間や相手がいます。そうしたビジネスでかかわりあいのある人たち（"business stakeholders" とでもいいましょうか。私の造語です）と効果的にビジネスを進めていくには，どうしても，英語によるプレゼンテーション，交渉，ミーティングなどのコミュニケーション能力が必要です。
　これからの時代は，インターネットの登場で，ビジネスのやり方が大きく

変わっていきます。インターネット上で使われている言語の70～80パーセントが英語です。人と人とが相対する場面であれ，インターネット上であれ，自由自在に英語でビジネス上の目的を達成するコミュニケーション能力こそが求められてくるのです。

①の問題発見・解決能力も②のMBA基礎科目の知識も，"business stakeholders"たちと効果的にやりとり（interact）できなければ役に立ちません。そういう意味では，③のコミュニケーション能力は，もっとも重要な能力といえます。

◆**得意分野をもつ**

本コラムでは，このコミュニケーション能力の重要な部分をなすプレゼンテーション能力にフォーカスをあて，いろいろお話をしてきました。成功のためのさまざまなコツやヒントについてもふれてきました。

しかし，ここで一度大きく，そもそも自分は何のためにプレゼンテーションの能力を身につけようとしているのかを考えてみましょう。

1週間後に迫ったプレゼンテーションのため，とりあえず付け焼刃で間に合わせればよいのだ，ということで本書を手にされているかたもいらっしゃるでしょう。また，さし迫ったことはなくても，もしかしたらそんな機会もあるかもしれないから一冊，机の上に置いておこうというかたもいらっしゃるかもしれませんね。

それはそれで，もちろんけっこうですが，それだけでは，せっかくの投資がもったいないのではないでしょうか。その場しのぎの付け焼刃だけで切り抜けていくだけの人生ではつまらなくないでしょうか。

せっかくですから，未来の大きな成功のイメージを描き，これだけは誰にも負けないという得意分野をもって，このテーマのプレゼンテーションをやらせたらあなたの右に出る人はいない，と誰からも言われるようなプロフェッショナルをめざしてみてはいかがでしょうか。私は，日本でテレビの先駆的研究をされた高柳健次郎さんの「恒に夢をもち，志を捨てず，難きにつく」という言葉が大好きです。みなさんも，みなさんの夢と志をもって，プロフェッショナルへの道を歩みだしてみませんか。

第4部

成功するプレゼンテーションの技術
ポイントとプロセス

第4部 成功するプレゼンテーションの技術

第1章 成功に導く三つのポイント

―――魅了するための心得―――

　人の心を動かすプレゼンテーションを作るには，自分の感性に磨きをかけ，日々，新しい情報に敏感でいなければなりません。この章では，プレゼンテーションを完成に導く技術を紹介します。もちろんこれらの技術は，充実した内容があってこそ，その作品を光らせることができるのです。

1―生活を充実させ，人として成長する――ポイント❶

　プレゼンテーションを通じて人や組織を動かすには，自分の考えを明確に相手に伝えなければなりません。まず，論点の裏づけとなるじゅうぶんなデータを収集するために，日ごろから新鮮な情報を得ようとする好奇心と，深く内容を掘り下げようとする探究心を磨くように心がけましょう。収集した情報を客観的に整理するには分析能力を養わなければなりません。

　また，よりいっそう説得力のあるプレゼンテーションをするには，聴衆の特徴に応じて用語を選択したり，発表の形態を決定したりしなければなりません。そのためには，聴衆が欲しているものを瞬時に察する洞察力を高めることがたいせつです。

　このように，プレゼンテーション技術の習得は，人としての成長に直結しているのです。すぐれたプレゼンターとなるには，日々の生活を内容のあるものにしようと日ごろから心がけることが肝心です。

2―評価を繰り返し，作品の完成度を高める――ポイント❷

　最初から「完璧なプレゼンテーション」を求める必要はありません。その

ときどきで，与えられた情報や時間のなかで作ることのできる「最高」の作品を作ればよいのです。何度も見なおし，改善を繰り返していけば，結果として完成度の高いものができあがります。

　また，できあがったプレゼンテーション資料や発表の内容を第三者に評価してもらい，成長への道しるべとしましょう。評価は，信頼のおける人に依頼しましょう。評価者には，具体的に見てもらいたい点をリストアップして事前に渡しておくとよいでしょう。

　いかなる評価内容も注意深く冷静に受け止め，評価の言葉のなかに「真実」を見いだし，改善へと役立てる努力をしましょう。

　ほかの人のプレゼンテーションを評価する際は，高く評価できる部分について最初に述べましょう。つぎに，こちらが相手の成長を求めていることや，客観的な視点で評価していることを説明します。このようにして，評価する側と評価される側とのあいだに信頼関係を築きあげてから注意点を述べると効果的です。

　改善してほしい点は3項目程度にまとめ，具体的な例をあげ，建設的な意見を述べるようにします。最終的な意思決定権は改善する側にあることも理解し，相手が自力で解決策に辿り着けるよう見守ることがたいせつです。

3─フレーズごとに練習して魅力的に話す──ポイント❸

　スムーズに言葉がでてこないと悩むプレゼンターは多いようです。このようなかたは，発表内容を短いフレーズごとに分けて練習してみてください。

　各フレーズ（言葉のかたまり）を頭のなかで整理してから，一つずつ丁寧に声にだしてみましょう。この練習を繰り返すだけで，言葉のつまりは解消されます。

　一方で，単調なプレゼンテーションは聴衆の集中力を減退させます。細分化された短いフレーズのうち，重要なポイントをゆっくりと大きな声で発音する練習をしましょう。それだけで，プレゼンテーション全体にリズムが生まれます。テンポのあるプレゼンテーションは最後まで聴衆を魅了するだけでなく，発表が終わってからも聴衆の記憶に残るものです。

第4部　成功するプレゼンテーションの技術

第2章
効果的なアウトラインを作る

――勝敗のカギ――

　アメリカの高校や大学では，アウトラインが完成されないかぎり，プレゼンテーション作成の許可がなかなか出ません。アウトラインなしにプレゼンテーションの準備にはいるということは，骨組みなしに家を建て始めるようなものです。しっかりとした骨組みさえできあがっていれば，途中で構成の組み替えが必要になったとしても，簡単に軌道修正ができます。

1―アウトラインとは

　準備段階でもっとも重要なことは，ぐらつきのないアウトライン（構成）を作ることです。
　アウトラインは，①イントロダクション，②ボディー，③コンクルージョン，から成り立っており，各パートが個々に重要な役割を果たしています。ビジネスでは，以下に示すプレゼンテーションの形態を利用することが多いでしょう。ただし，場合によってその形態も異なりますから，一定のスタイルを覚えればよいというわけではありません。

ビジネスプレゼンテーションのアウトライン例

▶イントロダクション（Introduction）
　1. 聴衆の興味をひく内容で開始する。
　2. 聴衆の気持ちを発表者に向ける。
　3. プレゼンテーション全体の視点を明確にする。
　4. 発表の流れを説明する。

5. ボディー部分へすみやかに導入する。
▶ボディー（Body）
　　1. 論点1を述べる。
　　　① 具体的な例をあげる。
　　　② 裏づけ情報を提示する。
　　2. 論点2を述べる。
　　　① 具体的な例をあげる。
　　　② 裏づけ情報を提示する。
　　3. 論点3を述べる。
　　　① 具体的な例をあげる。
　　　② 裏づけ情報を提示する。
▶コンクルージョン（Conclusion）
　　1. 再度，視点を明確にする。
　　2. 聴衆の気持ちに直接的に訴えかける内容を含む。
　　3. 質疑応答へすみやかに導入する。

2―イントロダクション

　イントロダクションは，聴衆との最初の接点となります。小説のプロローグや目次の役目を果たしています。導入部が衝撃的な内容で始まったり，目次に興味深い見出しが含まれていたりすると，読者は最後までその本を読みたいという欲求にかられます。同様に，興味深いイントロダクションで始まるプレゼンテーションは，聴衆の気持ちを一瞬でひきつけ，最後まで一言も聞き逃したくないという気持ちにさせます。

◆聴衆の興味をひく内容で開始し，聴衆の気持ちを発表者に向けさせる──
　聴衆の興味のある話題や，最新のニュースを投げかけるのも大変効果的です。また，意外性のある話題や，変化のある話題も聴衆の集中力を高めます。以下に例をいくつかあげてみますので，実際に試してみましょう。

① 驚くべきできごとを告げる。
衝撃的なニュースやデータは，聴衆の気持ちを一気にひきつけます。
② 感情を共有する。
実体験を紹介することで，聴衆と感情を共有することができます。著名人の体験談や引用句を紹介することでも，一つの感情や状態を共有することができます。
③ 聴衆に問いかける。
質問を投げかけることで，発表者と聴衆とのあいだに一体感ができあがります。「あなたならどうしますか？」と問うだけで，聴衆は自主的にプレゼンテーションのなかに回答を探そうとするでしょう。
④ 写真・音楽・映像で訴える。
視覚や聴覚に訴える資料は，長い説明文をともなわずとも，一瞬で聴衆の好奇心を高めます。

◆全体の視点を明確にする

イントロダクションでは，聴衆に何を学び取ってもらいたいか，聴衆の心にどのような変化をもたらしたいかを明確に示さなければなりません。多くの聴衆は，イントロダクションを聞いただけで，その発表を最後まで聞くべきかどうか判断するでしょう。ですから，これから行なうプレゼンテーションの内容は聴衆にとって有益なものであることを，冒頭で明らかにしておく必要があります。

◆発表の流れを説明する

全体の流れを説明することも，イントロダクションの役目の一つです。これを長い旅にたとえてみましょう。目的地や，そこに辿りつくまでの手段を事前に説明されれば，人びとは安心してついてくるでしょう。しかし，前途がまったく知らされていない場合は，誰しもは不安な気持ちのままで，積極的についてきてはくれないでしょう。

プレゼンテーションにも同様のことがいえます。聴衆に最後まで快くつい

てきてもらうには，しっかりとした発表の順序を，イントロダクションの段階で明確に告げなければなりません。

◆ボディー部分へすみやかに導入する

　ボディーの内容に近いものをイントロダクションの最後に用意し，自然に論点に導入できれば，聴衆にとって非常に聞きやすいものになるでしょう。

　それがむずかしい場合は，「では，ここで，第一番目のポイントに移ります」などと前置きをしてからボディーにはいってもかまいません。むしろ，このほうが，論点が明確に伝わる場合もあります。

3 ― ボディー

　ボディーは，プレゼンテーション全体で伝えたいテーマやメッセージを強化するためにあります。したがって，すでにイントロダクションで述べられたものと，ボディーで示すものとのあいだに，矛盾があってはなりません。

　ボディーでは，論点ごとに内容を整理し，各論点ごとに具体的な事例を用いて聴衆が理解しやすいものへと掘り下げていきます。プレゼンターの思想を述べただけでは，聴衆を説得することはできません。ここでたいせつなことは，客観的な数値やデータを用いて，論点が根拠のあるものであることを聴衆に理解してもらうことです。

◆論点は 3 〜 4 点にまとめる

　ボディーで取り上げる論点は複数でなければなりません。一つの点では線も面も支えられないように，一つの論点で主張を強化することは大変困難です。また一方で，聴衆の記憶に残る情報量には限りがあります。したがって，重要な論点は 3 点から 4 点程度におさえておきましょう。そのためにも，内容に優先順位をつけ，もっとも説得力のあるものからボディーに取り込む習慣をつけるようにしましょう。

◆各論点を整理する

　論点を整理する方法として，いくつか代表的なものがあります。二つのも

のを比較する Comparison，時間の経過ごとにまとめる Chronological Order，地域ごとにまとめる Regional Order などがその例です。

① Comparison の例……複数のものを同じ単位で比較する。
・サービス A とサービス B を価格で比較する。
・サービス A とサービス B を速さで比較する。

② Chronological Order の例……時代ごとに状況の変化を追う。
・1971年〜1980年の C 商品の売上を説明する。
・1981年〜1990年の C 商品の売上を説明する。
・1991年〜2000年の C 商品の売上を説明する。

③ Regional Order の例……地域ごとに状況を説明する。
・関東地区における D 社の年度売上を説明する。
・関西地区における D 社の年度売上を説明する。

　ボディーを整理するうえでもっとも重要なことは，論点に矛盾がないかを何度も確認することです。その際，「データや事例がじゅうぶんな根拠となりうるものか？」「同じ単位のものを，他のすべての状況が同一の状態で比較しているか？」など，一つひとつ丁寧に見なおすことが肝心です。

4─コンクルージョン

　コンクルージョンでは，いままで表明してきた視点や論点を再確認し，重要なポイントを聴衆の記憶に残さなければなりません。そのためにも，発表全体の主張を論点ごとに要約し，理解しやすい形に整理することが重要です。
　たとえば，新製品を推奨するプレゼンテーションであれば，「既存の製品より安価で，運動速度が速く，高機能であるから推奨する」などと，重要なポイントを聴衆に復習してもらうことです。

また，コンクルージョン終了とともに，質疑応答の場にすみやかに導入できるよう，心がけましょう。

5 — 質疑応答

　質疑応答の方法としていちばん多く用いられるのは，プレゼンテーション終了と同時に聴衆にマイクが渡されるやり方です。この場合，出される質問は，プレゼンターがその場ではじめて聞くものですから，回答を用意する時間はありません。また，似たような質問が何度も出たり，プレゼンテーションのテーマから大幅にはずれた質問が投げかけられたりすることもあります。

　このような非効率な質疑応答の場を避けたい場合は，事前にアンケート用紙を配る方法を試みるとよいでしょう。聴衆には，発表のさいちゅうに質問を記入してもらい，発表終了時に用紙を回収します。そのうえで，質問の内容ごとに分類して回答する方法です。

　回答に時間がかかるものや，ほかの聴衆に無関係な個人的な質問に対しては，その場では端的に回答するにとどめ，あとで個別に時間を設けて詳細を述べるようにしたほうがよいでしょう。

　質疑応答の場は，すべての聴衆にとって有益なものでなくてはならないという点を覚えておきましょう。

第4部 成功するプレゼンテーションの技術

第3章 資料を充実させる

——ビジュアル・エイドの効果的な活用法——

　「発表時間」という制約のなかで，発表者と聴衆の概念を一致させなければなりません。むずかしい概念を説明するときに役に立つのが，ビジュアル・エイド（視覚に訴える資料）です。複雑な数値データも，図表やグラフに落とすと理解されやすくなります。新規商品なども，写真や縮小モデルを提示するだけで聴衆の理解度を高めることができます。

1——資料の流れ

　聴衆を説得するには，内容が充実したプレゼンテーション資料を用意することが肝心です。資料は，アウトラインに従って，重要なポイントをバランスよく網羅していなければなりません。

　タイトル・ページでは，プレゼンテーションの趣旨や主張が一目でわかるようにしましょう。目次は，発表の流れが明確にわかるものでなければなりません。ボディーでは，主要ポイントごとにパワーポイントのスライドなどを分けましょう。また，最後に要約のページと，会社・担当者情報を記載するコンタクト・ページをつけると効果的です。

　下記の新規事業企画書を例に，実際に資料の流れを理解しましょう。

新規事業計画書資料例

▶イントロダクション
　　p.1——タイトルページ：タイトル，発表者名，組織名，発表年月日，会場名などを含むプレゼンテーションの概要を提示する。

　　　　p.2―目次：プレゼンテーションの発表の順番を提示する。
▶ボディー
　　［論点1］事業ビジョンと商品コンセプトの信頼性を主張する。
　　　　p.3―事業ビジョンの提示
　　　　p.4―プロジェクト・チームの実績やプロフィールの紹介
　　　　p.5―商品コンセプトの説明
　　［論点2］顧客ターゲットに対応したセールス・プロモーションの合理性を主張する。
　　　　p.6―ターゲットの提示
　　　　p.7―ターゲットに対応した販売地域の説明
　　　　p.8―ターゲットに対応した広告宣伝の説明
　　［論点3］商品の優位性と予測利益を説明する。
　　　　p.9―既存製品に対する新製品の優位性の説明
　　　　p.10―今後の収益予測の発表
▶コンクルージョン
　　　　p.11―まとめ：論点1，2，3の要約
　　　　p.12―コンタクト・インフォメーション：連絡先や担当者名の記載

2―よい例・悪い例

　パワーポイントのメリットは修正がとても簡単なことです。また，データとしてファイルを送信しあうなど，フォルダで共有できるのも魅力の一つです。インターネットの出現によりデータの共有化が叫ばれる今日，「私は手書き資料でじゅうぶん」と孤立しているわけにはいきません。
　資料を作成する際は，用途をしっかり理解しておくことです。大きな会場で発表するのであれば，最後列の聴衆にも見える大きなフォントに設定しておかなければならないでしょう。卓上資料として何部もプリントアウトするのであれば，スライドごとの情報量を増やして総ページ数を減らさなければなりません。ここで紹介するパワーポイントは，20名以上が収容可能な会議室でのプレゼンテーションを想定したものです。

●サンプル①―悪い例

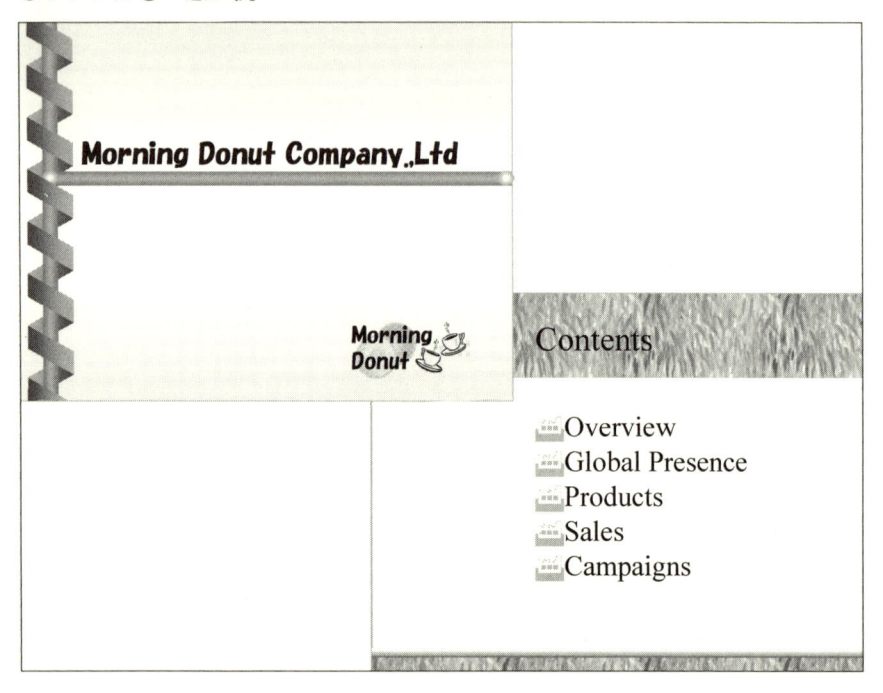

[問題点]
・プレゼンテーションのデザインが統一されていません。

[ワンポイント・アドバイス]
・プレゼンテーションの流れが止まらないよう，デザインを揃えてみましょう。

●サンプル①―よい例

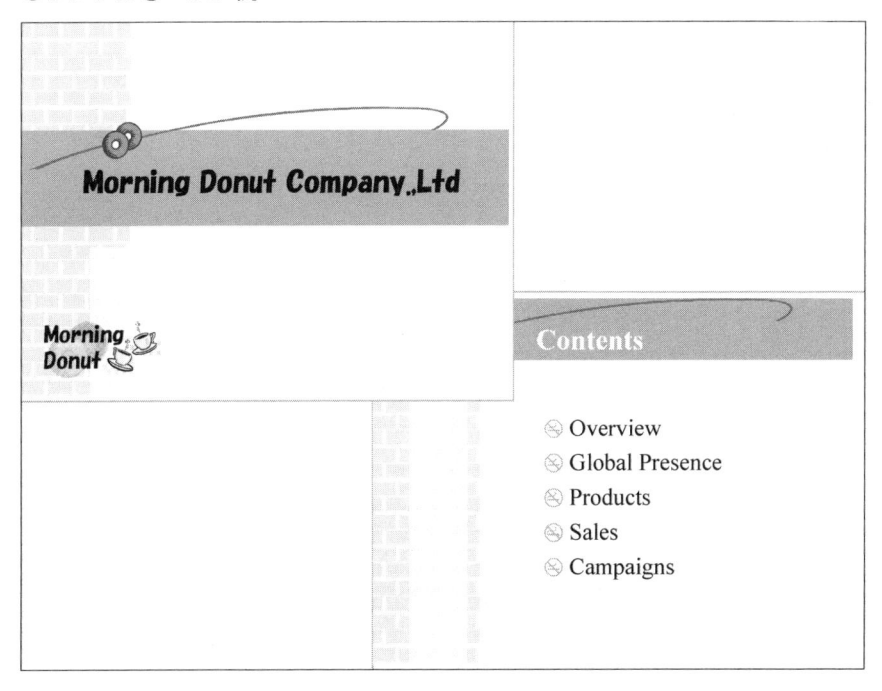

```
Morning Donut Company,.Ltd

Morning
Donut

                    Contents

                    ☺ Overview
                    ☺ Global Presence
                    ☺ Products
                    ☺ Sales
                    ☺ Campaigns
```

[よい点]
・プレゼンテーションのデザインが統一されています。

[評価]
・プレゼンテーションのデザインを揃えたので，プレゼンテーション全体に統一感がでました。

● サンプル②―悪い例

> # Company Outline
>
> - Expanding from American to European and Asian markets, and we have grown to 122 stores worldwide.
> - We take pride in our steady growth and our number one sales position.
> - We are the franchise leaders in our industry

[問題点]
・本文が長すぎます。
・タイトルと本文のフォント・スタイル（書体）に変化がないため（本文・タイトルとも Times New Roman），読む側に与える印象が弱くなります。
・本文の文字が小さく，読みにくいです。

[ワンポイント・アドバイス]
・もっとも伝えたいポイントを抽出してみましょう。
・タイトルと本文のフォント・スタイルに変化をだしてみましょう。

●サンプル②―よい例

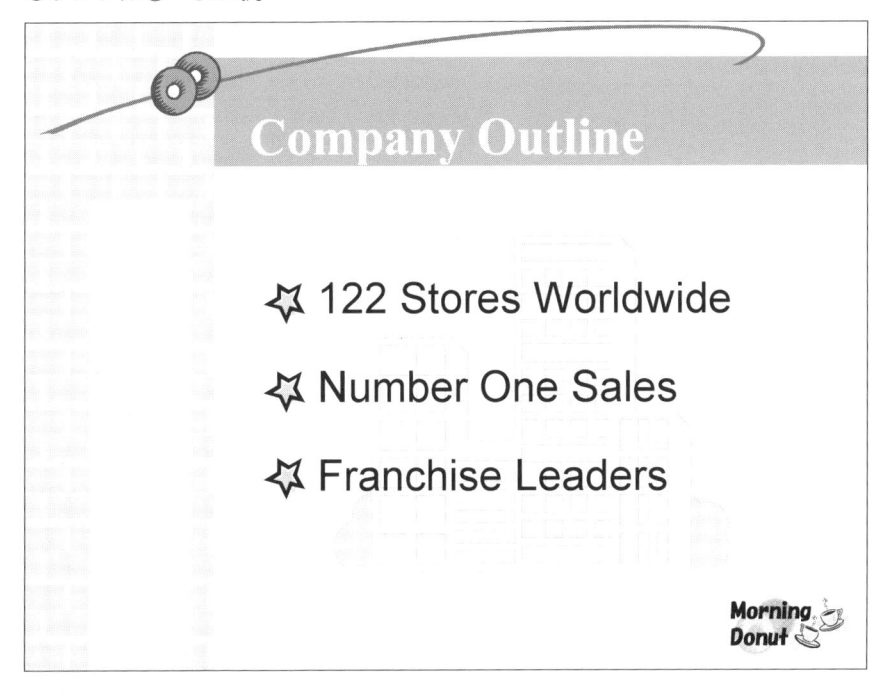

```
Company Outline

  ☆ 122 Stores Worldwide

  ☆ Number One Sales

  ☆ Franchise Leaders

                         Morning
                         Donut
```

[よい点]
・タイトルと本文のフォント・スタイルに変化があります（本文のフォントは Arial）。
・重要なポイントが要約されています。
・本文の文字が大きく，読みやすいです。

[評価]
・タイトルと本文のフォントに変化をだしたので，スライド全体の印象が強くなりました。
・不必要な言葉が省略され，重要なポイントが明確になりました。
・会社概要（Company Outline）に関連するイラストを入れたことで，イメージがつかみやすくなりました。

●サンプル③―悪い例

Global Presence

- 63 Stores in North America. 38 in America, 20 in Canada, 5 in Mexico.
- 27 Stores in Europe. 10 in England, 9 in France, 8 in Germany.
- 32 Stores in Asia. 21 in Japan, 7 in Hong Kong, 4 in Singapore.
- 122 Stores Worldwide.

[問題点]
・地域や数値についての説明が文章で書かれているため，内容を把握するのに時間がかかります。

[ワンポイント・アドバイス]
・地域別に整理する際は，フローチャートを利用するとイメージがつかみやすくなります。

●サンプル③─よい例

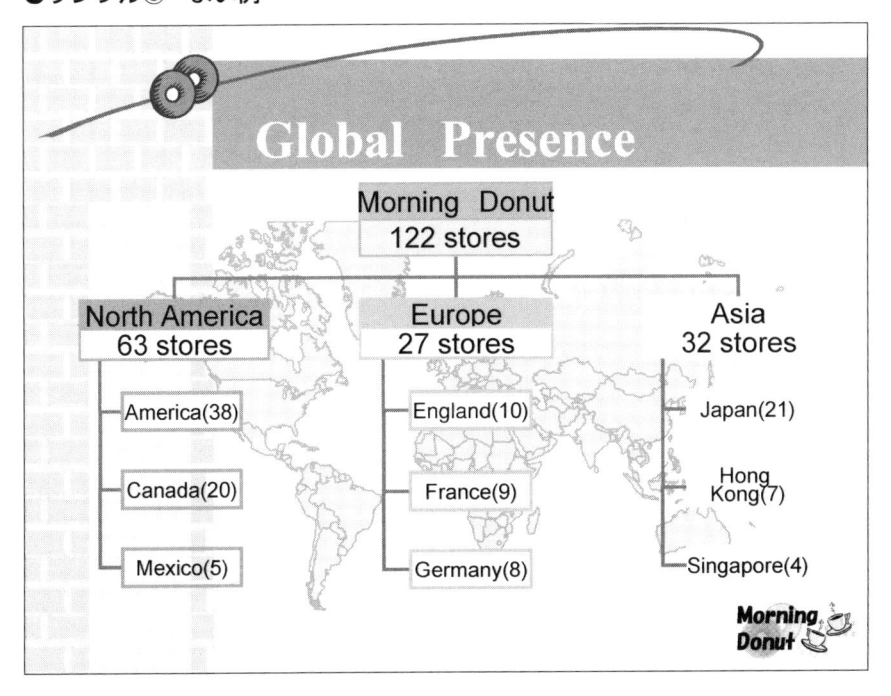

Global Presence

- Morning Donut 122 stores
  - North America 63 stores
    - America(38)
    - Canada(20)
    - Mexico(5)
  - Europe 27 stores
    - England(10)
    - France(9)
    - Germany(8)
  - Asia 32 stores
    - Japan(21)
    - Hong Kong(7)
    - Singapore(4)

Morning Donut

[よい点]
・フローチャートで地域別に整理されました。
・地域的な説明と世界地図とに関連性があり,イメージがつかみやすくなっています。

[評価]
・数字が地域ごとに整理されており,ひと目で内容を理解することができます。
・スライドの内容と背景に関連性があり,イメージがつかみやすくなりました。

● サンプル④—悪い例

> # Products
>
> ● We use only the finest and freshest natural ingredients.
> ● We sell only the freshest products.
> ● We keep prices low to meet customer expectations.

[問題点]
・本文の説明が長いため，重要なポイントが把握しにくくなっています。
・商品の紹介ページなのに，直接は関係のないイメージ・イラストが使用されています。

[ワンポイント・アドバイス]
・重要なポイントを絞ってみましょう。
・スライドのメッセージに合ったイラストを使用すると効果的です。

●サンプル④――よい例

Products

☆Natural
☆Fresh
☆Reasonable

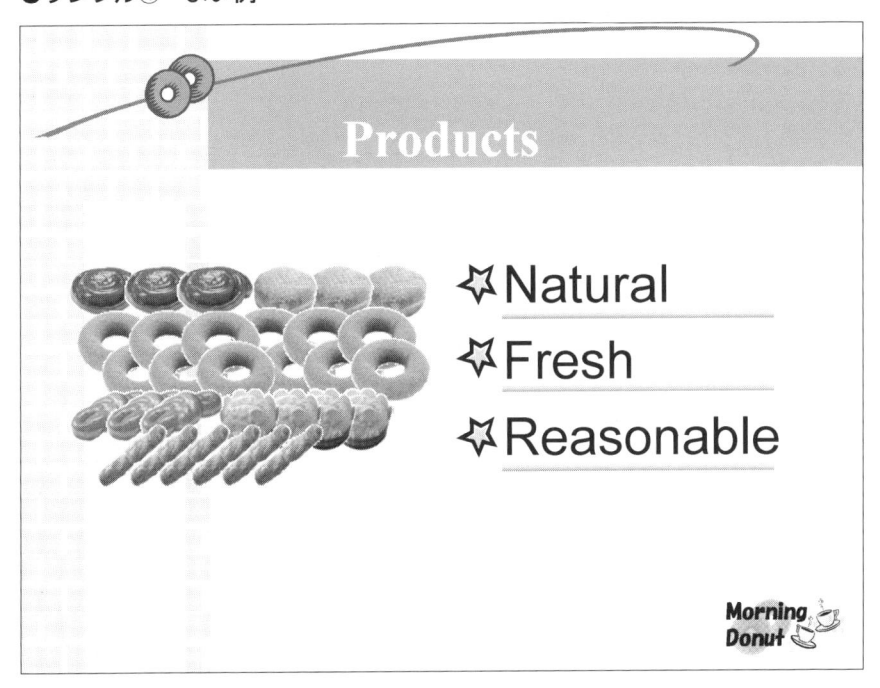

Morning Donut

[よい点]
・キー・ワードによって重要なポイントが押さえられています。
・イラストがスライドのメッセージと合致しています。

[評価]
・キー・ワードのみを表示することで，すばやい理解を促します。
・イラストが内容にマッチしており，メッセージが伝わりやすくなりました。

●サンプル⑤――悪い例

Sales

- Morning Donut has leads industry market share (41%).
- Company A： 27%
- Company B： 12%
- Others (Combined)： 20%

[問題点]
・数字を文章で説明しているために，イメージがつかみにくく，主張したいポイントが不明確です。

[ワンポイント・アドバイス]
・数字についての説明は，フローチャートやグラフを使用しましょう。

●サンプル⑤―よい例

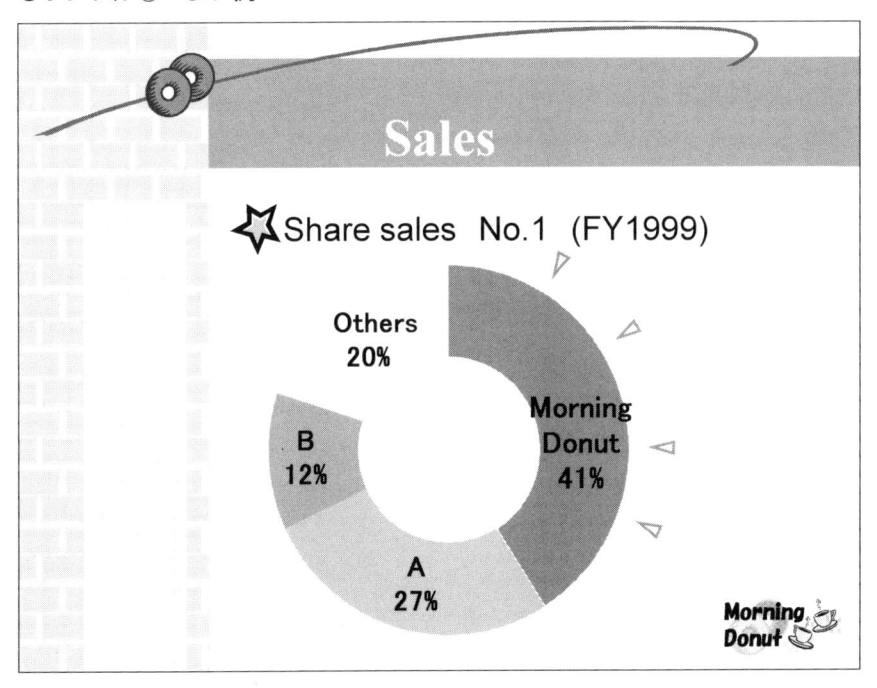

Sales

☆Share sales No.1 (FY1999)

Others 20%
B 12%
A 27%
Morning Donut 41%

Morning Donut

[よい点]
・円グラフで統計を示してあり，大変見やすくなっています。
・主張したいポイントが明確です。

[評価]
・円グラフを使って統計を示したので，数字が比較しやすくなりました。

●サンプル⑥―悪い例

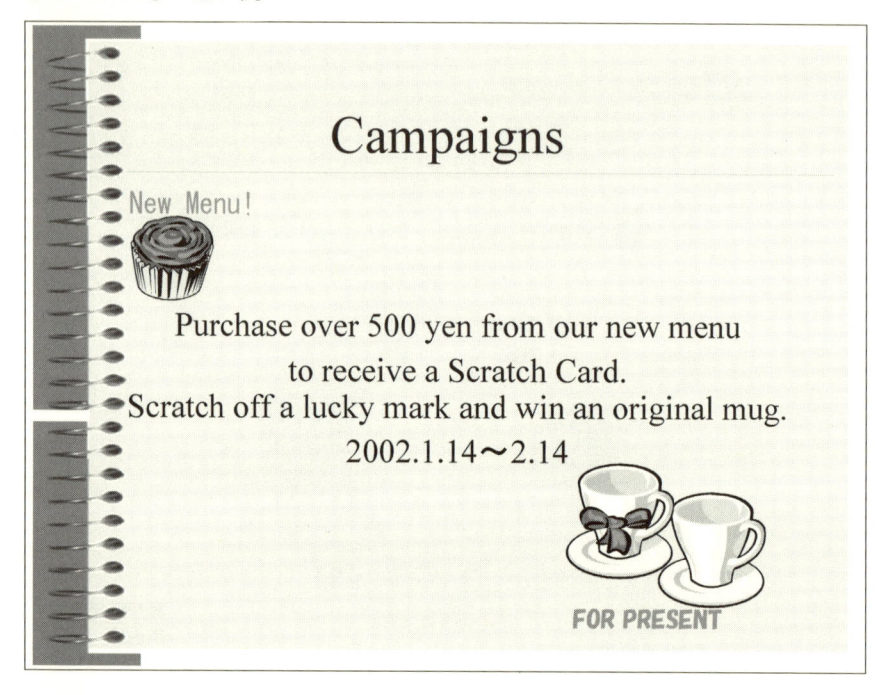

Campaigns

New Menu!

Purchase over 500 yen from our new menu
to receive a Scratch Card.
Scratch off a lucky mark and win an original mug.
2002.1.14〜2.14

FOR PRESENT

[問題点]
・複数の情報がひとつの文章に含まれており，内容が整理されていません。
・イラストが適切な位置に配置されていないため，イラスト使用の目的が不明確です。

[ワンポイント・アドバイス]
・ポイントごとに文章を整理する必要があります。
・関連するイラストを使用し，メッセージを強化しましょう。

●サンプル⑥―よい例

[よい点]
・ポイントごとに文章が整理されています。
・イラストを効果的に使って本文の内容を説明しています。

[評価]
・ポイントごとに内容が整理されており，企画の意図が簡潔かつ明瞭になりました。
・イラストが本文と直結しており，理解しやすくなりました。

3―資料作成のポイント

　印象的なプレゼンテーション資料は，聴衆に衝撃を与えるだけでなく，内容の理解度を高めます。また，聴衆の手に渡った配布資料は，聴衆が聞きもらした点を補い，復習の材料となります。

　しかし，手もとに残る資料の情報に誤りがあったり，誤字脱字があったりするのでは，プレゼンテーション全体に対する信頼を一挙に失ってしまいます。

　ここで，20人以上を収容する会場でのパワーポイントを例にとり，注意すべき点を確認していきましょう。

① 読みやすさを追求する。
　　・最後部席からでも読みやすいフォント・サイズを使用する。
　　・重要なポイントを要約して記述する。
　　・要点が変わるごとに行をあける。
　　・本文と関連性の高いイラストを使用する。
　　・地域や数字についての説明は，フローチャートやグラフを用いて表わす。
② 資料全体の統一性を保つ。
　　・フォーマットやデザインを統一する。
　　・タイトルや本文で使用するフォント・スタイルを統一する。
　　・使用する色を統一してイメージ・カラーを印象づける。
　　・会社名や会社のロゴ・タイプを一定の場所に入れる。
③ 校正をする。
　　・情報や数字の誤りをなくす。
　　・誤字や脱字をなくす。
　　・文法的な誤りをなくす。

　今日では，ソフトウエアの発達にともない，資料作成は非常に容易になっ

てきました。しかし，聴衆を意識したフォントや色の選択，レイアウトやイラストの決定は，機械だけに依存できるものではありません。これら一つひとつへの気配りが，理解しやすく好印象を与える資料の完成を導きます。

4─各種ビジュアル・エイドのメリット・デメリット

　ビジュアル・エイドとは，視覚に訴えながらプレゼンテーション全体の内容の理解を高めるものです。ビジュアル・エイドには，商品サンプルのように手にとって見られるものもあれば，OHPやパワーポイントのように，プロジェクターをとおして多くの聴衆に同時に見てもらえるものもあります。

　それぞれのビジュアル・エイドには，特有のメリットとデメリットがあります。もっとも重要なことは，聴衆の特徴やサイズをじゅうぶんに理解し，最適なものを選択することです。以下の表を用いて，各ビジュアル・エイドの特徴を理解しましょう。

ビジュアル・エイドの特徴

種類	メリット	デメリット
商品サンプル 製品モデル	・聴衆が手に取って体験することができる。 ・正確なイメージを伝えることができる。	・聴衆全体が同時に手にとることができない。
ホワイトボード フリップチャート OHPシート	・解説と並行して重要ポイントを示すことができる。 ・時と場合に応じた対応ができる。	・記入時間が必要である。 ・正確で読みやすい字を書き込まなければならない。
ポスター	・聴衆に正確なイメージを伝えることができる。	・大会場では見にくい。

配付資料	・聴衆が記入できる。 ・聴衆が持ち帰って見なおすことができる。	・聴衆がプレゼンターに目を向けなくなる。
写真スライド	・現実にもっとも近い画像を表現できる。	・照明の調整が必要である。 ・さきに見せたスライドに戻ることができない。
ビデオ	・動きのある映像を表現できる。	・機材（プレイヤー，モニターなど）が必要である。 ・資料作成に時間と費用がかかる。
パワーポイント	・資料作成が安価である。 ・資料修正が容易である。 ・映像や音声を取り込むことが可能である。	・照明の調整が必要である。 ・機材（コンピューター，液晶画面，スクリーンなど）が必要である。 ・技術的問題が発生した際の対応が困難。
マルチメディア映像	・映像や音声の表現が可能である。 ・最新の情報を流すことができる。	・ハードウエアとソフトウエアが必要である。

第4部 | 成功するプレゼンテーションの技術

第4章
入念なリハーサルを行なう

――本番直前の心がまえ――

プレゼンテーションの発表を観て，毎回，残念に思うのは，時間オーバーによる発表の中断です。結論に到達するまえに発表の場を去らなければならなかった人のほとんどが，「リハーサルを怠っていた」と反省します。また，リハーサルはタイム・マネジメントに役立つだけでなく，予想外の問題を事前に発見するうえでも有効なので，かならず実行しましょう。

1――予測できる問題を回避する――ポイント❶

最後に，リハーサルを繰り返し行なって完成度の高いプレゼンテーションに臨みましょう。

リハーサルには，プロジェクトにかかわってきた全メンバーが参加し，建設的な意見を出し合いながら発表の内容を改善していきます。専門知識のあまりない聴衆のまえで発表するのであれば，他部門の人たちにもリハーサルに参加してもらいましょう。必要に応じて，専門用語や専門的情報の使用を控え，誰でも説得することのできる内容へと修正を加えることも必要です。

リハーサルで忘れてはならないのは，時間内で発表を終える練習です。発表時間を守ろうとする姿勢が，責任感をもって仕事をする人間（組織）という印象を与えます。わずか数十分の発表で個人や組織が評価されてしまうわけですから，細心の注意をはらって練習しなければなりません。

以下に，気をつけるべき点を，さらに具体的に説明しますので，こうしたポイントに注意しながら実際にリハーサルをしてみましょう。

2—時間配分を考える──ポイント❷

◆指定時間に合わせて発表内容を調整する

　発表時間が大幅にあまる場合は，論点を増やしたり，裏づけ資料を増やしたりして，プレゼンテーション全体の内容を深めましょう。

　また，指定された時間内でプレゼンテーションを終えることは最低限のマナーです。無意味に時間オーバーすることは，聴衆の貴重な時間をむだにすることになりますし，あとに控えるプレゼンターや運営側にも多大な迷惑をかけることになります。

　理想的なプレゼンテーションとは，指定された時間内に，重要な論点をうまく織り交ぜて発表をすることです。そのためにも，時間配分を念頭に置いて練習することが重要です。

◆発表時間にゆとりをもって練習する

　プレゼンテーションを指定時間内に納められない者（組織）は，取り引き業務においても時間管理ができないと判断されてしまいます。時間にゆとりをもって発表を終えるぶんには，聴衆が不愉快に感じることはありません。

　指定されている時間よりやや短めに練習をしておけば，当日，予測せぬトラブルに直面したとしても，時間内に終了させることができるでしょう。

◆セクションごとの時間を意識する

　コンクルージョンは，イントロダクションで述べた主張や結論を再認識する場です。したがって，時間配分は，イントロダクションと同等か，やや短めであると，バランスが取れます。ボディーにおける各論点の長さもほぼ統一しておけば，聴衆もある程度の予測ができ，聞きやすいものになるでしょう。

　いちばん陥りやすいパターンとしては，イントロダクションやボディーで時間を取りすぎ，コンクルージョンの時間がなくなるケースです。コンクルージョンは重要な主張や結論を再確認する場ですから，省略するわけにはい

きません。

　リハーサルで，時間内にプレゼンテーションが終わらなかった場合は，以下の解決策を試してみましょう。

① セクションごとに見なおし，不必要な言葉をはぶく。
② 各論点の根拠づけ部分を短縮する。
③ 優先度の低い論点を省略する。
④ 話すスピードをあげる。（ただし，1分100ワードを超えるスピードは聴衆にとって聞きづらいので注意しましょう。）

3―会場の広さや聴衆のサイズを考慮する――ポイント❸

　実際に発表する会場の広さや聴衆のサイズを考慮に入れて練習をしましょう。後部の聴衆にも声がちゃんと聞こえているか，OHPやパワーポイントの資料がじゅうぶんに読みやすいものであるかにも，細心の注意を払わなければなりません。

4―実際に使用機材を試してみる――ポイント❹

　コンピューター，プロジェクター，マイクロフォンといった，発表に必要な機材を実際に使用してみるとよいでしょう。会場で使用するマイクがスタンド型であるか，クリップ式の小型マイクであるのかなども事前に調査してリハーサルを行なえば，発表中の自分の行動の範囲が予測できます。

5―発表のスタイルを考える――ポイント❺

　プレゼンテーションの種類によって，立って行なうものと，座って行なうものがありますが，リハーサルでは，実際の発表の姿勢にもっとも近いスタイルで行ないましょう。

　指定がない場合は，立った姿勢で発表をすることをすすめます。動く範囲も身ぶりなどの非言語的表現の範囲も広がるからです。

6 ― 聴き手のまえで練習する ―― ポイント❻

　実際に聴き手のまえで練習をしてみましょう。そして，発表の内容をじゅうぶん理解している人に，専門的な視点から評価してもらいましょう。

　また，発表の内容にあまり詳しくない人を聴き手に加え，彼らを説得することができる程度の明確な言葉づかいを心がけましょう。理解できなかった人が多かった場合は，専門用語に補助説明を加えるようにしましょう。

7 ― 最終確認を行なう ―― ポイント❼

　最初にも言ったように，リハーサルには，プロジェクトにかかわってきたすべてのチーム・メンバーが参加するようにしましょう。複数の人間がかかわるプロジェクトの場合は，チーム全体の共通理解がなされているかを最終確認します。また，資料に誤字脱字がないかも入念に確かめておきましょう。

8 ― 自信をもった態度を心がける ―― ポイント❽

　資料の内容を熟知するのと同様に重要なのが，「発表者としての自信をもつ」ことです。明瞭に発音すること，声のピッチやトーンを変えて重要個所を強調すること，豊かな表情をもって発表すること。もしも緊張で手が震えるようなら，しばらく手を机に置いたり，後ろにまわしたりするとよいでしょう。また，うつむいて手もとの原稿や資料ばかりを見ながら話していては，どんなに充実した内容でも，説得力は半減します。かならず聴衆の目を見て話すようにしましょう。それも，漠然と聴衆全体に目を向けるのではなく，一人ひとりに視線をめぐらすようにしたほうが，相手の集中力を保つことができます。

　こうしたことすべてに加えて，プロとしての自覚をもった服装，つまり聴衆に合った，相手を不快にさせないような服装を心がけましょう。あとは，自分らしいプレゼンテーションを，自信をもって披露するだけです。きっとあなたは成功します。

[添付資料—1]

アウトライン評価表

発表者名：＿＿＿＿＿＿＿＿＿＿＿＿＿＿＿＿＿＿＿＿＿＿＿＿

タイトル：＿＿＿＿＿＿＿＿＿＿＿＿＿＿＿＿＿＿＿＿＿＿＿＿

発表日時：＿＿＿＿＿＿＿＿＿＿＿＿＿＿＿＿＿＿＿＿＿＿＿＿

*同意できる場合は，評価個所に✓印をつけてください。

	評価 (✓)
イントロダクション	
聴衆の興味をひく内容で開始されている。	
聴衆を発表者に向ける内容が含まれている。	
視点が明確に表現されている。	
プレゼンテーションの順番が示されている。	
ボディー部分への導入がなされている。	
ボディー	
［論点1］	
論点が明確に述べられている。	
具体例が含まれている。	
裏づけする情報が含まれている。	
［論点2］	
論点が明確に述べられている。	
具体例が含まれている。	
裏づけする情報が含まれている。	
［論点3］	
論点が明確に述べられている。	
具体例が含まれている。	
裏づけする情報が含まれている。	
コンクルージョン	
再度，視点が明確にされている。	
聴衆の気持ちに直接的に訴える内容が含まれている。	
質疑応答への導入がなされている。	
質疑応答	
質疑応答の手順を事前に準備している。	

[添付資料―2]

技術評価表

発表者名：＿＿＿＿＿＿＿＿＿＿＿＿＿＿＿＿＿＿＿＿＿＿＿＿＿＿＿
タイトル：＿＿＿＿＿＿＿＿＿＿＿＿＿＿＿＿＿＿＿＿＿＿＿＿＿＿＿
発表日時：＿＿＿＿＿＿＿＿＿＿＿＿＿＿＿＿＿＿＿＿＿＿＿＿＿＿＿

＊同意できる場合は，評価個所に✓印をつけてください。

	評価（✓）
内容	
聴衆の知識レベルにあった内容である。	
聴衆の求めていることを認識している。	
裏づけ用資料の内容が充実している。	
興味深い事例が選択されている。	
視覚に訴える資料が充実している。	
構成	
聴衆の興味をじゅうぶんにひいている。	
話す順番が明確である。	
イントロダクションで重要な論点が述べられている。	
構成がじゅうぶんに準備されており，それに従っている。	
主要内容の重要なポイントがわかりやすく要約されている。	
コンクルージョンで意思決定や実行プランが明確に告げられている。	
印象に残るステートメントで終了されている。	
発表技術	
余裕と自信をもって発表している。	
非言語的表現（ジェスチャー）が自然に行なわれている。	
聴衆に打ち解けて発表している。	
聴衆に対して力強く発表している。	
資料が効果的・スムーズに使用されている。	

コメント

■参考文献 (順不同)

"THE PRESENTATION SKILLS WORKSHOP" Sherron Bienvenu
(AMACOM, 2000)
"The Presentation Survival Skills Guide" Jim Endicott, Scott W. Lee
(Distinction Publishing, 2001)
『ビジネスミーティングの英語表現』ロッシェル・カップ (ジャパン タイムズ, 2001年)
『アメリカ人はこうしてプレゼンに自信をつけている!』Vivian Buchan, 川村正樹・訳
(スリーエーネットワーク, 2001年)
『英語プレゼンテーションの技術』安田正, ジャック・ニクリン
(ジャパン タイムズ, 2001年)
『英語ビジネススピーチ実例集』井洋次郎, V. ランダル・マッカーシー
(ジャパン タイムズ, 2000年)
『デジタル対応 プレゼンテーション』中嶋秀隆, マット・シルバーマン
(日本能率協会マネジメントセンター, 2001年)
『図解 ロジカル・プレゼンテーション』西村克己, 彼谷浩一郎
(日刊工業新聞社, 2001年)
『即戦力ビジネス英語』藤野輝雄 (郁文堂, 2001年)
『今日から使えるビジネス現場の交渉術』藤井正嗣, Christina Welty (アルク, 1998年)
『ビジネス英語スピーチ』津田幸男 (創元社, 1998年)
『CDではじめるビジネス英会話入門』飯嶋泰 (池田書店, 1998年)
『ビジネス交渉の英語』井洋次郎, V. ランダル・マッカーシー
(ジャパン タイムズ, 2001年)
『今日から使えるビジネススピーチ』小坂貴志, David E.Weber (アルク, 1998年)
『理科系のための英語プレゼンテーションの技術』志村史夫 (ジャパン タイムズ, 2001年)
『英語の議論によく使う表現』崎村耕二 (創元社, 2001年)
『論理的に話すための基本英語表現』石井隆之, 村田和代 (ベレ出版, 2000年)
『英論論文 すぐに使える表現集』小田麻里子, 味園真紀 (ベレ出版, 2002年)
『[書く・話す]ビジネス英語の要点と用例』浅見ベートーベン (日興企画, 1998年)
『国際会議・スピーチに必要な英語表現』篠田義明 (日興企画, 2001年)
『ネゴシエーション・会議に必要な英語表現』篠田義明 (日興企画, 1999年)
『パーティー・プレゼンテーションに必要な英語表現』篠田義明 (日興企画, 2000年)

●著者紹介

●藤井正嗣（ふじい・まさつぐ）

▶ 1948年，福岡県に生まれる。
▶ 早稲田大学理工学部数学科在学中にカリフォルニア大学（バークレー）数学科に留学し，同学科および同修士課程卒業。
ハーバード・ビジネス・スクールAMP（上級マネジメントプログラム）修了。
▶ 1974年，三菱商事株式会社入社。クアラルンプール支店食料マネージャー，アメリカ食料子会社会長兼社長，国際人材開発室長，インド冷凍物流合弁会社社長などを歴任。
▶ 現在，オフィス フィマック代表。
▶ おもな監著書に：『今日から使えるビジネス現場の交渉術』（アルク），
『ビジネス英語文書実例集』（ナツメ社），『英会話◎表現，×表現』（日本経済新聞社），
『英語で読み解くハーバードAMP』『仕事現場の英会話 商社編』（DHC），
『英語で学ぶMBAベーシックス』（NHK出版）など。

●野村るり子（のむら・るりこ）

▶ 1961年，東京に生まれる。
▶ ペンシルベニア州立大学体育学部卒業。
慶應義塾大学大学院経営管理研究科においてMBAを取得。
フルブライト奨学生としてハーバード教育大学院にてEdMを取得。
▶ 日米双方のオリンピック委員会指定クラブにて体操競技を指導。
その後，外資金融・IT関連企業のトップ・エグゼクティブのもとでビジネス経験を積む。
▶ 現在，教育コンサルティング会社㈱ホープスを設立し，同社代表取締役。
キャリア・アップ講座や留学準備講座，スポーツ教室などを開講している。
教育コンサルタント，日本体育大学講師（スポーツサービス論）。
▶ ㈱ホープス　URL=http://www.hopes-net.org　E-mail=info@hopes-net.org

[協力者]
▶ 原稿作成・英文校正————————山口充起・吉村貴子・齋藤文徳
▶ パワーポイント資料作成————若井田雅子
▶ データ収集など————————————朝川哲司・佐々木大介・田中智子・怒賀良平・濱田誠・
　　　　　　　　　　　　　　　　　　　　林英恵・宮原暁美

英語でプレゼン──そのまま使える表現集

2003年 9月12日…初版発行	発行者…竹尾和臣
2007年12月 5日… 4版発行	制作者…嶋田ゆかり＋友兼清治
	発行所…株式会社日興企画
	〒104-0045　東京都中央区築地2-2-7　日興企画ビル
	電話＝03-3543-1050　Fax＝03-3543-1288
	E-mail＝book@nikko-kikaku.co.jp
	郵便振替＝00110-6-39370
著者……藤井正嗣	印刷所…シナノ印刷株式会社
野村るり子	定価……カバーに表示してあります。

ISBN978-4-88877-638-7 C2082

©Masatsugu FUJII & Ruriko NOMURA 2003, Printed in Japan

【小社出版物のご案内】 各A5判／定価・価格はすべて税込みです。

﨑村耕二 232ページ・定価2415円	**強くなる英語のディスカッション** 意見や主張をきちんとやりとりし、上手に議論するための基礎表現と解説。ちょっとした意見交換から討論、会議、交渉まで使用頻度の高い表現を精選。
浅見ベートーベン 216ページ・定価2100円	**場面別・ネゴシエーションの英語** 社内準備から成約まで／そのまま使える文例と技術 英語でのビジネス交渉で直面する様々な場面での表現。交渉の特徴、手順、心得、技術についても社内準備～成約の流れに沿って解説。

▼国際ビジネス実戦セミナー

小中信幸＋ 仲谷栄一郎 272ページ・定価2940円	**契約の英語①／国際契約の考え方** 問題を所在をつかむ ― 「英文」として読む ― 「契約書」として読む ― わかりやすく書く ― ありのままに訳す ― よく登場する条文を知る
小中信幸＋ 仲谷栄一郎 238ページ・定価2940円	**契約の英語②／売買・代理店・ライセンス・合弁** 国際契約書の平易な例文を素材に、問題点や有利な国際契約を結ぶための交渉方法を、条文ごとにやさしく解説。
岩崎洋一郎＋ 仲谷栄一郎 216ページ・定価2835円	**交渉の英語①／国際交渉の考え方** 交渉とは何か ― 交渉の準備 ― 交渉の申し入れ ― ビジネス面の交渉 ― 契約書をめぐる交渉 ― 紛争が生じた際の交渉 ― 難局を切り抜ける交渉術
岩崎洋一郎＋ 仲谷栄一郎 224ページ・定価2835円	**交渉の英語②／相手を説得する技術** 本題に入るまで ― 売買契約 ― 代理店契約 ― ライセンス契約 ― 合弁契約 ― 契約書をめぐる交渉 ― クレームの交渉　**CD版** 別売（各 価格2625円） ☆ケース入りセット版（テキスト＋CD＝5460円）もあります
岩崎洋一郎＋ 仲谷栄一郎 220ページ・定価2835円	**交渉の英語③／難局を切り抜ける技術** 主張する・提案する ― 質問する・答える ― 同意する・反対する ― 逃げる ― 非常事態に対応する ― トリック戦法

▼篠田義明の実用英語シリーズ

篠田義明 224ページ・定価2835円	**国際会議・スピーチに必要な英語表現**　**CD版** 別売（価格3465円） 出迎え・就任・乾杯・哀悼などの挨拶―開会・議事進行・閉会など司会や議長の言葉―提案・質疑など会議中の用語。　☆ケース入りセット版（テキスト＋CD＝6300円）もあります
篠田義明 160ページ・定価2625円	**ネゴシエーション・会議に必要な英語表現**　**CD版** 別売（価格3465円） 意見や感想を述べる―意向を問う―提案や報告を検討する―議論や質疑を展開させる―会話中によく用いることば。　☆ケース入りセット版（テキスト＋CD＝6090円）もあります
篠田義明 200ページ・定価2625円	**パーティー・プレゼンテーションに必要な英語表現**　**CD版** 別売（価格3465円） 自己紹介―就退任―表彰―創立記念―慶弔儀式―経営や営業の方針―新商品紹介―販促・調査報告―発言中にはさむ言葉。　☆ケース入りセット版（テキスト＋CD＝6090円）もあります
島村昌孝 284ページ・定価3885円	**「知らなかった」では済まされない監査役の仕事** 詳しい事例やQ＆Aを豊富に使い監査実務をわかりやすく解説。就任日からすぐに役立つ実践マニュアル。
平松陽一 244ページ・定価2940円	**教育研修プラン推進マニュアル** 基盤づくりからプログラム作成、展開、実務まで、研修を効果的に進めるためのノウハウをチャートを豊富に使って解説。
平松陽一 292ページ・定価2730円	**教育研修の効果測定と評価のしかた** 研修の理解度や効果を正しく測定・評価し、次の人材育成や経営成果の向上に生かす方法を詳しく解説。